이영권 박사의
경제 · 경영 에세이

이영권 박사의 경제·경영 에세이

이영권 박사 지음

도서출판 보는소리

머리말

　　KBS에서 경제방송을 맡아서 진행한지 벌써 7년이 되었다. KBS 2라디오의 '이영권의 경제포커스'가 필자가 경제를 새롭게 느끼고 볼 수 있는 기회를 준 것이다. 1977년에 SK에 입사해서 전 세계를 누비고 다니면서 보고, 느끼고 공부한 것들이 잘 정리되고, 스스로 부족했던 부분들이 채워지는 느낌이 있어서 필자에게 아주 만족스러운 행복한 시간이었다.

　　필자가 학교 다닐 때 가장 어려워하고 싫어했던 과목이 경제였다. 교수님들이 어렵게 이야기하고 경제용어가 익숙하지 않았으며 숫자가 싫었었기 때문이었던 것 같다.

　　실제로 필자처럼 경제, 경영을 지나치게 어렵게 생각하는 사람이 주변에 상당히 많다는 것을 알면서 필자는 늘 경제, 경영을 좀 더 쉽고 편안하게 이야기 해 주는 사람이 되어야겠다고 생각해왔다. 그리고 쉽게 방송하고, 강의하려고 애를 써왔지만 늘 만족스러운 수준은 아니었던 것 같다. 그래서 늘 더 나은 글과 강의와 방송을 위하여 경제와 경영에 대해서 느끼는 점을 글로 남기는 작업을 해왔던 것이다.

이 책에 들어 있는 에세이는 필자가 사회에 경제와 경영에 대한 이슈가 있을 때마다 블로그와 홈피에 올렸던 글들을 정리해본 것이다.

성공하고 부자가 되고 좋은 경영자가 되기 위해서는 경제와 경영의 맥을 잡고 이해하는 것이 반드시 필요하다고 생각하기 때문에 그런 분들에게 도움을 드리고자 한 것이다.

이 부족한 책이 독자들께 그러한 면에서 조금이나마 도움이 되었으면 한다. 하지만 지금까지 많은 책을 내었지만 늘 부족함을 느끼고 있음을 시인하지 않을 수가 없다.

독자들의 넓은 아량을 기대하는 마음으로 이 책을 내 놓는다.

2007년 11월 이영권

Contents _1

머리말

경제 01	세계경제의 힘은 서양에서 동양으로 움직이고 있다	/ 13p
경제 02	제6차 세계 韓商대회개최에 즈음하여…	/ 18p
경제 03	국제금융시장의 새로운 강자로 부상하고 있는 국부펀드	/ 21p
경제 04	국제원유가격의 급등과 원유시장의 현황	/ 25p
경제 05	엔캐리 트레이드의 청산 움직임과 세계 금융시장	/ 29p
경제 06	미국 서브프라임 모기지 부실 사태와 향후 전망	/ 33p
경제 07	세계 경제 환경변화에 발 빠른 대응이 필요하다	/ 37p
경제 08	러시아 경제는 앞으로도 지속적인 성장을 할 것이다	/ 41p
경제 09	질주하는 인도경제는 과열인가?	/ 45p
경제 10	한국자동차의 유럽 진출과 그 의미	/ 48p
경제 11	인도의 급부상과 세계경제속의 위상	/ 52p
경제 12	정치는 경제를 위하여 존재해야 하는 것이다	/ 56p
경제 13	해상왕 장보고의 정신으로 세계로 미래로 전진하자	/ 59p
경제 14	부자가 되려면 경제의 흐름을 타라	/ 64p

경제 15	한국은 진정 샌드위치 신세인가? / 68p
경제 16	중국과 인도의 부상으로 세계의 돈이 친디아로 모인다 / 72p
경제 17	2020년 한국경제에 대한 전망 / 76p
경제 18	중국의 무서운 부상과 한국경제의 현주소 / 81p
경제 19	한국은 과연 세계 10대 경제대국으로 갈 것인가? / 85p
경제 20	분배 우선 정책의 덫에 걸린 우리경제 / 89p
경제 21	한국경제는 일본경제를 따라잡을 수 있을까? / 94p
경제 22	전 세계가 관심을 갖고 뛰어드는 금융 허브 / 99p
경제 23	부동산 시장도 수요와 공급에 의해 움직이는 것이다 / 103p
경제 24	감세정책으로 성공하고 있는 미국경제 / 107p
경제 25	저축은 진정한 재테크의 기본이다 / 111p
경제 26	조기 경제교육은 선진국 진입을 위한 기초토대이다 / 114p
경제 27	경제는 물이 흘러가듯 자연스러워야 한다 / 117p
경제 28	경제에서 가장 중요한 것은 무엇을 선택하느냐이다 / 120p

Contents_2

경영 01 성공하는데 가장 큰 장애물은 스스로에게 있다 / 127p

경영 02 부자가 되고 싶다면 자신의 경쟁력을 극대화시켜라 / 130p

경영 03 인생에서 성공하려면 좋은 멘토를 구하라 / 133p

경영 04 분명한 목표나 비전이 기업이나 조직을 성공으로 이끌어간다 / 137p

경영 05 혁신은 기업이나 개인이 생존, 성장하기 위한 필수과제이다 / 141p

경영 06 멋진 노사관계는 기업경쟁력을 높여주는 중요한 요소이다 / 145p

경영 07 한국기업의 브랜드 가치가 한국의 인지도보다 높다 / 149p

경영 08 창조적 경영을 하기 위한 전제조건 / 153p

경영 09 최고의 마케팅은 고객의 입을 통하는 것이다 / 157p

경영 10 상대방 머릿속에 각인될 자신의 브랜드가치를 높여라 / 161p

경영 11 현실에 안주하는 기업이나 개인에게는 미래가 없다 / 166p

경영 12 남의 장점을 모방하고 개선하면 자신만의 경쟁력이 생긴다 / 170p

경영 13 경쟁력제고를 위한 멘토링 제도의 도입 / 174p

경영 14 도요타가 두려워하는 한국 자동차 산업의 저력 / 178p

경영 15 한국형 할인점이 성공한 이유 / 182p

경영 16	자신의 경쟁력 제고를 위해 전력투구하라 / 186p
경영 17	리더는 태어나는 것인가? 길러지는 것인가? / 188p
경영 18	인생의 블루오션 전략 / 191p
경영 19	기업이 영구, 존속하기 어려운 이유 / 194p
경영 20	샐러던트는 선진사회로 가는 현상이다 / 197p
경영 21	투명경영의 출발점, 사외이사제도 / 200p
경영 22	한국재벌에 대한 비판과 이해 / 203p
경영 23	평생직장은 없고 평생 직업만이 남는 시대 / 206p
경영 24	기업가정신은 기업경영의 원동력이다 / 209p
경영 25	기업이 잘되기를 원한다면… / 212p
경영 26	기업가 정신으로 무장해야 사업의 성공 확률이 높아진다 / 215p
경영 27	자신의 몸값은 스스로 높이자! / 218p

- 세계경제의 힘은 서양에서 동양으로 움직이고 있다
- 미국 서브프라임 모기지 부실 사태와 향후 전망
- 세계 경제 환경변화에 발 빠른 대응이 필요하다
- 부자가 되려면 경제의 흐름을 타라
- 한국은 과연 세계 10대 경제대국으로 갈 것인가?
- 조기 경제교육은 선진국 진입을 위한 기초토대이다

경제 01 / 세계경제의 힘은 서양에서 동양으로 움직이고 있다

〈Power Shift(권력이동)〉(한국경제신문사. 1990)이라는 책을 세계적인 미래학자인 앨빈 토플러가 세상에 내 놓은 지 20여년이 지났다. 이 책은 1970년도에 나온 미래쇼크(Future Shock), 1980년에 출간된 제3의 물결(The Third Wave), 그리고 2006년에 나온 부의 미래(Revolutionary Wealth)의 근간이 되는 앨빈 토플러의 명작이다. 앨빈 토플러는 그의 저서에서 기회가 있을 때마다 세계적인 힘의 이동이 서양으로부터 동양으로 움직일 것이라고 예언해 왔다.

최근 들어 세계적인 움직임이 그의 예언대로 나타나고 있는 것을 느낄 수 있다. 특히, 1980년대 일본의 부상으로 일본이 경제적으로 세계 2위국으로 자리를 잡은 이후에 한국과 대만, 홍콩과 싱가포르의 부상에 이어 중국과 인도의 급부상으로 그야말로 세계 경제의 중심축이 동양세계로 움직이는 것을 피부로 느끼게 해주는 상황이다.

최근 들어 한국증시를 비롯해 아시아 증시가 동반 상승하는 모습은 아시아 경제의 강한 상승세를 뒷받침 해주고 있다. 우리나라의 주가도 10월11일 2050을 터치하면서 사상 최고치를 기록했으며 중국증시는 올 들어서만 113%나 올라서 압도적인 전 세계 1위 상승률을 기록해서 연초부터 중국 주식시장이 "버블이다", "아니다" 하는 걱정을 무색하게 하고 있다.

전문가들은 중국증시를 보면 아시아가 세계 경제의 중심에 서는 이른바 '아시아 시대'의 출현을 주가가 보여주고 있다는 얘기를 한다. 특히 미국이나 유럽은 서브프라임 모기지 부실 사태 파장으로 비실거리는 사이에 친디아(중국+인도) 등 고속 성장국가와 한국, 대만, 싱가포르 그리고 중동의 석유 부국들을 둔 아시아가 세계의 중심으로 성큼성큼 다가서고 있다.

따라서 세계 경제를 논할 때 이제 아시아를 먼저 이야기해야 한다. 과거에는 아시아경제가 미국경제와 유럽경제에 종속된 것으로 이해되곤 했는데 이제는 아시아가 희망이고 국제회의나 국제적인 학자나 금융인들도 아시아 경제를 먼저 얘기하고 있고 국제적인 신문이나 언론도 예외가 아니다.

사실 아시아의 시대가 이렇게 주목받게 된 것은 올해 상반기를 지나면서부터였다고 할 수 있다. 최근에 미국의 거대 다국적기업들 중에는 중국시장 덕분에 먹고 살고 있는 곳이 많은데 중국에서 버는 매출로 인해 순익 성장세를 이어가고 있기 때문이다.

최근의 미국 서브프라임 모기지 사태의 경우만 보아도 과거 같았으면 전 세계가 더 큰 혼란에 빠졌을 텐데도 상당히 빠른 시간에 정상화 되고 있는 것은 중국을 비롯한 아시아 금융시장이 충격흡수대 역할을 했기 때문이라는 것이 정설이다.

미국의 신용등급이 낮은 서민들이 집값 하락과 늘어난 금융비용을 감당하지 못하고 줄지어 파산을 선언하는 위기가 닥친 서브프라임 모기지 사태는 신용경색이라는 이름으로 금융시장에 충격을 주었다. 금융시장 불안과 주택 침체가 소비, 고용에 영향을 미치는 등 파문이 걷잡을 수 없이 커지자 연방준비제도이사회(FRB)는 지난 9월17일 기준 금리를 0.5%포인트나 전격 인하했고 미국은 경기 침체를 막기 위해 금리를 크게 내렸다. 미국의 자존심이 땅바닥에 떨어졌다고 볼 수 있는데 이렇게 되니까 미국 경제의 상징이며 미국의 경쟁력을 대변하는 달러화 가치는 급락했고 유로화 뿐만 아니라 엔화, 한국의 원화, 루피 등 주요 통화에 대해 급락세를 보였다.

반면 아시아 국가들의 국민 소득수준이 빠르게 개선되고 있다. 예전의 서임금에 기반 한 '생산 공장'에 머물지 않고 세계의 소비까지 주도하고 있는 것이다. 중국은 휴대폰, PC, 인터넷, 자동차에서부터 원유, 철광석, 굴삭기, 햄버거에 이르기까지 세계적인 소비시장이고 인도, 중동, 동남아시아까지 포함하면 그 규모는 가히 압도적이 되었다.

다국적기업들에게 중국은 고성장의 동력이 될 것으로 예상하고 있는데 지난해 중국에 진출한 미국, 유럽 기업 중 80%가 이익을 냈다.

생산기지에서 벗어나 소비와 투자까지 3박자를 두루 갖춘 이상적인 경제성장 궤도에 진입한 것이다.

중국의 소비시장은 지난 6년간 130% 확대됐다. 매년 12~14% 증가율을 지속하고 있다. 중국 소비시장의 버팀목은 중산층인데 중국에는 현재 3000만명의 고급 소비층과 1억6000만 명의 중산층 등 2억명에 육박하는 소비시장을 갖고 있다.

이들이 소비에 뛰어 들면서 주택, 자동차, 여행, 보석 소비 증가세가 눈에 띠고 있다. 중국의 휴대전화 가입자 수는 5억명을 웃돌아 세계 최대 휴대전화 시장으로 부상했다. 컴퓨터와 자동차 분야에서는 미국에 이어 세계 2위 시장이 됐으며 지난해 해외관광을 한 중국인은 3400만명이고 올해는 3740만명에 달할 전망으로 이미 중국 관광객은 세계 4위 관광 소비 그룹으로 등장했다.

중국과 인도가 세계 소비 시장의 핵으로 떠오르고 있는데다가 일본, 한국, 대만, 홍콩, 싱가포르가 가세하고 있어서, 낙관론자들은 아시아가 신흥시장 넘어 세계경제를 주도할 것이라는 이야기도 하지만 좀 더 지켜보아야 할 상황인 것이라는 신중론이 더 우세한 상황이다. 하지만 세계경제의 힘의 중심축이 서양에서 동양으로 움직이고 있다는 것만은 확실한 것 같다.

과제 02 / 제6차 세계 韓商대회개최에 즈음하여...

국내외 동포 경제인들의 비즈니스 장인 '제6차 세계한상대회'가 10월31부터 11월2일까지 부산 벡스코에서 열렸다. 지난해에 이어 올해 두 번째 부산에서 열리는 이번 행사는 세계 40여 개국의 경제인 3000여명이 참가했으며 올해 대회는 일대일 비즈니스미팅, 업종별 비즈니스 상담회, 개성공단 설명 및 기업IR 등 다양한 비즈니스 프로그램들이 각 분야별 전문단체와 공동운영을 통해 진행되었다.

韓商대회는 세계에 흩어져 있는 한국 상인들의 모임을 말한다. 전 세계로 이민을 떠난 이민의 역사가 100년을 맞고 있는 때에 세계에서 활농하고 있는 한국인 비즈니스맨들을 한 곳에 모이게 했다는 것만으로도 큰 의의가 있다고 할 수 있는데 벌써 6년째를 맞이하고 있는 것이다.

세계에서 가장 네트워크를 잘 형성하고 있는 민족은 역시 중국인과 유태인들이라고 할 수 있다. 유태인들은 전 세계에 흩어 있으면서도 늘 한 덩어리가 되어 힘을 발휘하는 모습을 우리는 늘 보아 왔다.

특히 미국에서 유태인들의 위치는 참으로 부러울 정도이다. 정치, 경제계에서 유태인들이 보여 주고 있는 막강한 힘은 세계정계와 경제계에 많은 영향을 미치고 있기 때문이다.

중국의 경우 華商이라고 불리는 그들의 해외에서의 네트워크 또한 대단한 수준에 이르고 있다고 할 수 있다. 세계에 흩어져 있는 약 7000만 명의 화교들을 하나의 네트워크로 엮고 세계적으로 막강한 힘을 발휘하고 있기 때문이다.

특히 동남아에 있는 화상들의 경우 동남아 주요 국가의 70%에 달하는 경제권을 손에 쥐고 있다는 통계가 있어 그들의 힘이 얼마나 강한지를 실감케 한다.

우리의 해외 동포가 170여 개국에 700만 정도라고 하지만 이민이 시작 된지 100년이 되는 동안 한 번도 제대로 된 모임으로 이 커다란 힘을 모으려는 시도가 없었다는 것이 아쉽기만 했는데 2002년도 1차 세계한상대회를 시작으로 지금까지 잘 진행되고 있는 것은 참으로 기쁜 일이 아닐 수가 없다. 세계시장을 30년 가까이 뛰어 다닌 필자로서도 늘 한국인들의 건전한 네트워킹이 한국 발전에 큰 힘이 될 텐데 하면서 아쉬워 한 기억이 새롭기 때문이다.

지금까지는 해외에 있는 교포들이 조국을 보는 시각도 곱지 않았지만 국내에 있는 국민들의 해외동포에 대한 시각도 그리 곱지만은 않았던 것이 사실이다. 그러나 그동안 해외에 흩어져 있는 한인들 중에서 멋진 성공자들이 나오기 시작하고 서로가 힘을 합치면 더욱 큰 사업을 할 수 있다는 공감대가 형성되기 시작하면서 이러한 한상대회는 가속도가 붙고 있는 것이다. 휴먼 네트워킹처럼 인생에서 중요한 것이 없다는 것을 우리는 잘 안다. 한 민족 네트워킹을 통해서 한국이 21세기의 주인공이 되도록 노력할 계기가 바로 한상대회라는 것을 긍정적으로 이해하고 하나가 되도록 더욱 노력하여야만 할 것이다.

특히 한상대회에서 인기 프로그램으로 자리잡은 '일대일 비즈니스미팅'에서는 재외동포와 국내외 기업인들간의 실질적인 비스니스 상담이 홈페이지(http://www.hansang.net)를 통해 사전예약상담과 현장상담으로 이루어졌다. 올해 대회에는 현장 콜센터가 설치돼 사전예약 상담에 비해 어려움이 많았던 현장상담에서 상담 주선을 요청하는 한상 및 국내기업인들은 신속한 상담을 받을 수 있었다. 또 무역업계 관심분야에 대한 전문인이 상담센터에 상주해 상담을 희망하는 한상 및 국내 기업인에 대한 컨설팅도 같이 진행되는 등 더욱 많은 배려를 했다는 것이 주최 측인 재외동포 경제 단체의 설명이다.

지난 2005년 4차 대회부터 국내외 동포경제인들이 많이 종사하는 부문을 중심으로 구성된 '한상비즈니스 특화전'은 올해 '업종별 비즈니스 상담회'로 이름을 바꿔 보다 체계적이고, 전문적인 프로그램으로 진행된다고 하니 기대가 크다.

2005년에는 섬유, 지난해에는 식품·외식업종이 특화분야로 지정돼 관련업체들로 큰 호응을 받았던 점을 고려해 올해는 식품·외식산업, 섬유, 신발 등 3개 업종을 중심으로 운영되었다. 특히 미국에서는 FTA의 영향을 많이 받는 섬유업계 한상들이 다수 참가해 국내 관련업체들과 교류협력을 모색했으며 북한 개성공단 입주업체들도 상당수 전시회에 참여해 새로운 교류의 장을 마련했다.

이러한 한상대회가 앞으로 더 많이 발전하기 위해서는 첫째 지금까지는 주로 1,2세가 주로 참가했는데 앞으로는 해외동포 3, 4세 기업인들이 대거 참여하도록 유도하여 젊은 비즈니스맨들이 더욱 멋지게 발전할 수 있도록 도와주는 장이 되어야 할 것이며, 둘째 한상대회의 국외 개최도 신중하게 검토해보는 것이 어떨까한다. 중국 화상들의 모임인 화상대회가 단 한 번도 중국 본토에서 열리지 않았다는 것은 의미하는 바가 크다. 한상대회도 여건이 많이 성숙된 만큼 중국, 일본 등 아시아지역을 시작으로 미주, 유럽 등지에서 개최할 때가 됐다는 주장이 설득력을 얻고 있기 때문이다.

한국경제가 전 세계의 중심으로 향하여 한걸음씩 전진하고 있는 요즈음 세계한상대회는 분명히 한국의 세계화에 큰 기여를 하게 될 것이다.

03 국제금융시장의 새로운 강자로 부상하고 있는 국부펀드

국부펀드(Sovereign Wealth fund)란 각국의 외환보유고를 활용하여 투자하는 펀드를 말한다. 요즈음 뜨고 있는 국부펀드는 국제유가 올라가서 부자가 된, 중동국가들이 다시 엄청난 오일머니로 세계 금융시장을 휘젓고 다니고 있고 최근에 경제가 엄청 잘나가는 중국의 경우도 수출을 많이해서 번 돈으로 외환보유고가 엄청나게 많이 쌓이게 되어 이런 돈을 바탕으로 세계에서 돈 되는 건 모두 사들이고 투자하고 있는 것이다.

돈이 많으면 그만큼 세계시장에서 영향력이 커지고, 권력관계도 변하게 되는 것이다.

지금까지 국제금융시장에서는 미국과 유럽을 중심으로 한 전통적인 머니 매니저들이 주도권을 쥐고 있었다. 하지만 이젠 치솟는 유가로 무장한 중동 투자자들의 오일머니, 막대한 외환보유고를 기반으로 한 국부펀드(Sovereign Wealth Fund)가 국제 금융가를 교란시킨다는 지적을 받아 왔던 헤지펀드와 사모펀드와 함께 전면에 나서고 있는 것이다.

파이낸셜타임스(FT)가 10월3일(현지시간) 맥킨지 글로벌 인스티튜트(MGI)가 발표한 보고서를 인용, 보도한데 따르면 세계시장을 떠도는 자산 규모는 지난해 말 현재 8조4000억 달러에 이른다.

지난 1980년 일본 투자자들이 금융시장을 움직이기 시작했던 것처럼, 이제 미국과 유럽 외 투자자들이 국제자본시장의 시장 질서를 새로 짜고 있는 것이다. 이들의 자산이 꾸준히 늘어나면서 오는 2012년엔 약 20조7000억달러, 전 세계 연금펀드 자산의 4분의 3에 해당하는 규모에 달할 것으로 전망되고 있다.

국부펀드를 보는 평가와 보는 시각이 다양하게 엇갈리고 있다. 우선 각국의 국부펀드의 경우 운용의 투명성 부족이 문제시되고 있다. 또 아시아 국가들이 준비하고 있는 국부펀드 규모는 약 4800억 달러 규모에 달하지만 중국이 주축이 되고 있어서 중국의 경상수지 흑자가 줄어들 경우엔 영향력이 축소될 수 있다.

오일머니의 경우 지난 2002년 이래 국제유가가 크게 오르면서 자산 규모가 향후 5년간 5조9000억 달러까지 늘어날 것으로 예상된다. 국부펀드에도 오일머니는 큰 기여를 하고 있다. 그러나 유가가 내릴 경우 상황은 달라진다. 각국의 환율 방어를 위해 나서고 있는 중앙은행들도 큰 손 중 하나가 되는 상황이다.

한편 또 국부펀드와 오일머니의 부동산 투자, 헤지펀드와 사모펀드의 이머징 마켓 투자 등이 이들 자산시장의 버블을 형성하고 있다고도 지적했다.

중국은 중국이 보유한 막대한 외환을 운용하게 될 외환투자공사를 지난 9월말에 공식 출범시켰는데 외환투자공사는 1조4천억 달러에 육박하는 중국의 외환보유고를 활용해 국제 금융시장의 '큰손'이 될 것으로 보인다.

중국의 외환투자공사의 발족으로 세계적인 국부펀드 경쟁이 가열될 것으로 예상된다. 국가가 운영하는 국부펀드의 규모는 현재 2조3천억 달러에 이른다. 싱가포르와 사우디아라비아, 노르웨이 등이 각각 수천억 달러에 이르는 국부펀드를 조성해 국외에서 사냥감을 찾고 있다.

국부펀드는 운영주체가 각국의 정부 당국이기 때문에 정부 개입이란 '검은 손'이 국경을 넘나든다. 투자 동기에 정치적·전략적 고려가 끼어들어 시장경제를 왜곡시키고 투자대상국의 국가안보도 위태롭게 할 위험성이 다분하다는 이유에서다. 미국이 국부펀드들의 자국 기업 매수에 제동을 거는 입법안을 마련하고, 독일 총리와 프랑스 대통령 또한 EU 차원의 대책 마련을 공동으로 주문하자 러시아의 푸틴 대통령이 발끈했다. 1990년대 러시아에 시장개방을 하라고 압력을 넣던 그들이 지금에 와서 러시아의 외국기업 매수를 견제하려 든다면서 '보복' 가능성까지 들먹이고 있다.

우리 정부도 한국투자공사를 세계적인 국부펀드로 키우겠다는 야심아래 200억 달러의 펀드 규모를 3년 내 500억 달러, 2015년까지 2000억 달러로 늘릴 계획이다.

국부펀드는 분명 양날의 칼이다. 국내적으로 민영화와 민간자율을 주창하면서 외국의 민간부문에 정부들이 다투어 투자에 나서 '국경을 초월한 국유화'가 세계적으로 확산된다면 이 또한 세계화의 모순이 아닐 수 없기 때문이다. 하지만 지금 세계금융시장은 국부펀드의 등장과 확대로 새로운 국면을 맞이하고 있는 것이다.

경제 04 / 국제원유가격의 급등과 원유시장의 현황

국제 유가가 끝을 알 수 없는 고공행진을 거듭하고 있다. 미국휴가철이 끝난 2007년 8월 말 상승 행진을 시작한 국제유가는 최근들어 뉴욕상업거래소(NYMEX)에서 거래된 서부텍사스산중질유(WTI) 선물 가격이 배럴당 90달러의 벽마저 돌파했다.

두바이유 역시 사상 최고가를 경신했다. 전문가들은 이번 유가 상승 랠리가 조만간 끝날 것으로 예상하고 있다. 그러나 국제 석유 수급 상황이 워낙 불안해 언제든 이런 급박한 유가 상승이 되풀이 될 것이라는 분석이 나오고 있다. 이번 유가 상승 랠리가 촉발된 계기는 석유수출국기구(OPEC) 총회였다. 수급이 빠듯한 상황에서 OPEC이 석유 증산에 나서지 않을 것이라는 관측이 높아지면서 지난 8월 말부터 유가가 급상승하기 시작했다.

OPEC은 그러나 예상과 달리 하루 50만 배럴의 증산을 결정했다. 그럼에도 유가 상승 행진은 멈출 기미를 보이지 않고 있다. 석유 수요가 급증하는 겨울철을 앞두고 미국의 석유 재고가 크게 감소하고 있다는 소식이 전해지면서 사상 최고치를 경신한 것이다.

　　OPEC의 증산 규모가 빠듯한 석유시장 수급 상황을 안정시키기에 역부족이라는 판단도 유가 상승을 부추겼다. 유가 상승의 또 다른 요인은 미국의 연기금과 펀드 등 '큰손'들의 투자다. 2004년 중국 등 개발도상국의 석유 수요가 급증하면서 펀드들이 국제석유시장에 눈을 돌리기 시작했고, 올해는 투자 규모가 더욱 늘어나고 있다고 한다. 올해 국제 원유시장에 들어온 펀드 자금의 규모가 1000억 달러에 이른다는 주장도 있다.

　　세계에는 2001년 말 기준으로 약1조 배럴 정도의 원유가 매장되어 있는 것으로 추정하고 있는데 현재 세계는 연간 270억 배럴 정도의 원유를 소비하고 있기 때문에 현재의 매장량을 현재의 소비량으로 단순하게 환산하면 약 40년 정도 쓸 원유가 있는 셈이다. 하지만 매년 새로운 유전이 발견이 되고 있으며 대체 에너지가 개발되고 있기 때문에 원유는 몇 세대는 더 쓸 수 있을 것으로 전문가들은 내다보고 있으나 결국은 고갈 될 수밖에 없는 자원이다.

　　세계 230여 개국 중에서 104국에서 원유가 발견되어 생산하고 있는데 그 중에서 원유매장량이 가장 많은 나라는 사우디아라비아로서 2600억 배럴 정도 가지고 있어 세계 전체의 4분의 1을 차지하고 있는 최대의 산유국이다. 2위가 이라크로 1120억 배럴을 가지고 있어 전세계의 약 11% 정도를 차지하고 있다. 3위는 이란으로 990억 배럴(약

9.9%), 아랍에미레이트가 4위로 970억 배럴(약 9.7%), 쿠웨이트가 960억 배럴(약 9.6%)로 5위, 베네수엘라가 650억 배럴(약 6.5%)로 6위를 차지하고 있다.

한편 미국은 223억 배럴(약 2.2%)로 11위, 중국은 240억 배럴(약 2.4%)로 10위이며 러시아는 485억 배럴(약 4.8%)로 8위이다.

반면에 원유는 하루에 7600만 배럴 정도가 생산되고 있는데 이 중에서 사우디가 780만 배럴로 약 10%정도를 생산하고, 미국이 2위로 670만 배럴을 생산하고 있으며, 3위가 러시아(650만 배럴), 4위가 이란(366만 배럴), 5위가 중국으로 약 320만 배럴 정도를 생산하고 있다.

일반적으로 전 세계원유시장에 가장 강력한 영향을 미치고 있는 국제기구는 OPEC(석유수출국기구)로서 1960년도에 5개국으로 결성이 되어 1962년도에 UN에 등록한 후에 지금은 11개국이 회원국이다 (알제리, 인도네시아, 이란, 이라크, 쿠웨이트, 리비아, 나이지리아, 카타르, 사우디아라비아, 아랍에미레이트, 베네수엘라). 이 11개국의 회원국이 보유하고 있는 매장량은 전 세계매장량의 78% 정도이며 생산량의 40% 정도가 되는 큰 규모이다. 그러나 실제로 전 세계의 주요 유전에 투자하고 있는 미국의 지분이 상당히 높기 때문에 미국이 전세계의 매장량에서 차지하는 비율은 2.2%에 불과하지만 영향력은 상당히 높다고 할 수가 있다.

한국의 경우 하루에 약 250만 배럴의 원유를 수입하고 있으므로 연간 소요량은 약 9억 배럴 정도 된다. 따라서 국제 원유가격이 1달러 상승하게 되면 1년에 추가적으로 들어가는 외화는 10억 달러가 되며 10달러가 올라가게 되면 100억 달러의 외화가 더 나가는 부담을 지게 되어 한국경제에는 지대한 악영향을 미치게 되는 것이다. 한국이 하루에 도입하는 250만 배럴은 세계에서 생산하는 전체 원유 중의 30분의 1 정도 되는 물량이다.

따라서 한국의 경우는 지속적으로 해외 유전개발에 참여하여 우리 지분을 확보하는 것이 필요하며 에너지의 중요성을 인식하여 최선을 다하여 에너지 사용을 자제하는 것이 필요하다고 할 수 있다. 국민이 할 수 있는 일은 에너지를 절약하고 효율적으로 사용하는 일이다.

경제 05 / 엔캐리 트레이드의 청산 움직임과 세계 금융시장

세계 금융시장의 움직임이 심상치 않은 가운데 2007년 8월, 미국 중앙은행인 연방준비제도이사회(FRB)가 재할인율을 전격적으로 0.5%포인트 인하하자, 전 세계 금융시장은 일단 한숨을 돌리는 분위기다. 이번 조치로 은행들이 비상시 대량의 단기자금을 중앙은행으로부터 더 낮은 금리로 공급받을 수 있게 돼 금융시장의 불안 심리가 많이 해소될 것으로 기대되기 때문이다.

'재할인율 0.5%포인트 인하' 소식에 미국과 유럽 증시는 큰 폭으로 반등했고 우리나라 주식시장도 크게 반등했다.

하지만 미국 금융계에선 "재할인율 인하 자체의 실질적 효과는 크지 않다"는 것이 중론이다. 은행들이 중앙은행에 직접 가서 재할인 자금을 빌리는 일은 사실상 '최후의 수단'이기 때문이다. 자금시장에서 돈을 도저히 융통할 데가 없는 비상 상황이나 중앙은행에 가서 돈을 빌리게 된다. 더구나 요즘처럼 가뜩이나 '신용 불안' 때문에 난리인 시기에 중앙은행에 가서 돈을 빌릴 경우 신용도에 타격을 입을 수도 있다. 결국 재할인율 인하는 실제 효과보다는 심리적 효과를 겨냥했다는 분석이다.

2002년 이후 FRB는 정책 금리를 재할인율보다 1.0%포인트 낮은 수준에서 결정해 왔다. 더구나 세계 금융시장엔 여전히 엔 캐리 트레이드 청산 우려라는 복병이 남아 있다.

최근 엔화 가치의 폭등에서 보듯, 엔캐리 트레이드 청산은 우려에서 현실로 다가오고 있다. 한국 증시에서 외국인 자금이 빠져나간 주요한 이유 중 하나는, 전 세계 자산시장을 떠받치고 있는 엔 캐리 자금이 빠지면 아시아 신흥시장의 증시가 폭락할 것이라는 두려움 때문이었다고 할 수 있다.

한국도 정도의 차이는 있을지언정 태풍의 영향권 안에 있는 것은 마찬가지다. 국내에는 약 213억~289억달러(20조~27조5000억원)에 이르는 엔화 자금이 들어와 있는 것으로 파악된다.

엔캐리 트레이드라고 하면 헤지펀드로 대표되는 대형 국제 투기자본이 일본 시중은행에서 금리가 싼 엔화를 빌려 미국, 한국, 영국 등 일본보다 금리가 높은 나라의 주식이나 채권 부동산 등의 다양한 자산에 투자하는 것을 말한다.

엔캐리 트레이드에는 다양한 장소에서 다양한 주체에 의해 행해지는 다양한 자본투자가 포함돼 있다. 한국 내에서 자영업을 하는 사람이 은행에서 원화대출보다 이자가 싼 엔화대출을 받아 생산설비를 구입했다면 이 역시 엔캐리 트레이드다.

흔히 날아오는 '싼 이자에 돈쓰라'는 스팸메일도 대부분 저리로 조달한 엔화자금에 마진을 붙여 국내에서 대출, 금리차를 챙기려는 엔캐리 트레이더들이 보내는 것이다. 특별한 사람들만의 전유물처럼 생각되는 엔캐리 트레이드는 이처럼 우리의 일상생활에 깊숙이 들어와 있다.

다양한 엔캐리 트레이드의 공통점은 엔화자금이 일본보다 금리가 높은 다른 국가에 투자되기 위해 외환시장에서 해당국 통화로 환전된다는 점이다. 이 과정에서 엔화 '팔자' 주문이 지속적으로 늘게 마련. 그 결과 엔화가치는 수요 공급의 원칙에 따라 떨어지게 된다. 이런 현상은 전 세계 외환시장에서 동시에 일어난다.

가장 큰 문제는 전 세계에 지나칠 정도로 많은 유동성이 공급된다는 점이다. 엔화 자금은 수익을 쫓아 전 세계로 흘러 들어가 주식 채권 부동산 등에 무차별적으로 투자돼 최근 수년간 전 세계적으로 자산버블(거품)이 생기는 데 일조 했다는 것이 정설이다.

문제는 최대 1조 달러대로 추정되는 엔캐리 트레이드가 일시에 청산될(해외에 투자한 자산을 팔고 빌린 엔화 상환) 경우 올 수 있는 충격이다.

엔캐리 트레이드가 한창 기승을 부리던 1998년 엔화가치는 달러당 147엔까지 떨어졌으나 러시아의 디폴트(채무불이행) 선언으로 3일만에 13%나 올랐고 두달여 만에 달러당 112엔까지 치솟았다.

그러나 대부분의 전문가들은 일본은행의 금리 인상에도 불구하고 엔캐리 트레이드가 급속히 청산되지는 않을 것으로 보고 있다. 아직도 다른 나라와의 금리 차이가 워낙 커 엔캐리 트레이드가 여전히 충분한 수익을 낼 수 있는 여지가 많다는 것이다.

외환시장 관계자들은 엔캐리 트레이드의 매력이 없어지려면 일본의 금리가 지금보다 추가로 2%포인트는 더 올라가야 할 것으로 보고 있다.

따라서 금리 인상으로 인한 급속한 청산 가능성은 당분간 거의 없다는 게 대체적인 견해다.

지금 세계금융시장에서 가장 중요한 화두가 되고 있는 엔캐리 자금 문제는 우리에게도 아주 중요한 일이다. 자금 흐름의 정확한 방향을 파악하고 미리 미리 준비해야만 만약의 경우에도 큰 타격 없이 넘어갈 수 있기 때문이다.

역시 우리는 완연한 글로벌 시장 속에 있다는 것을 다시 한번 느끼게 하는 일인 것이다. 그래서 늘 세계 속의 한국경제를 쳐다보는 글로벌 마인드가 필요한 것이다.

06 미국 서브프라임 모기지 부실 사태와 향후 전망

전 세계 금융시장이 크게 요동치고 있다. 바로 미국발 서브프라임 모기지 부실 문제가 그 시발점이다. 일반적으로 사람들에게 잘 알려지지 않은 서브프라임 모기지라는 것은 부동산 경기와 경제 상태가 좋을 때는 수면 밑에 가라앉아 있다가 경제가 불안 할 때 수면 위로 떠오를 가능성을 내재하고 있었던 것이다.

서브프라임 모기지(sub-prime mortgage)는 1990년 클린턴 행정부 당시 저소득층에 대한 금융지원 확대를 위하여 융자관련 규정을 완화함에 따라서 확산되기 시작하였고 1977년 제정된 Community Re-investment Act를 개정하여 일정규모 이상의 금융기관들에게 지역개발관련 대부 의무를 강화게 하여 확산시켜 나가게 된 것이다.

저소득층이 주택을 구입하는데 가장 큰 애로 요인이 월납 이자보다는 주택가격의 10~20%에 상당하는 downpayment(선납)에 있음을 착안하여 downpayment 부담은 크게 줄이고 월납부 이자를 높이는 영업전략을 채택한 금융회사들의 마케팅 전략과 맞아 떨어짐으로써 급속하게 확산이 된 것이다. 이러한 서브프라임 모기지는 자산유동화증권 판매 기법을 발전케 했는데 여러 개의 저당주택을 담보로 한 증권을 발행하여 투자은행 등에게 환매조건부로 판매함으로써 새로운 mortgage 자금을 조달하는 금융기법으로 시장에서 크게 발전하게 된다.

현재 미국 내에서 규모는 전체 주택 모기지의 5% 수준으로 2006년의 경우 전체 모기지 약 8조 억불 중에서 서브프라임 모기지가 약 4,000억불 정도 차지하고 있다.

서브프라임 모기지가 전통적 주택 모기지와 다른 점은 일반 모기지 서브프라임 모기지의 경우는 이자가 6%수준으로 고정되며 서브프라임의 경우는 시장이자+3% 내외로 변동 금리가 적용되고 프라임 모기지는 downpayment 10~20% 인데 비해서 서브프라임 모기지는 downpayment가 없는 경우가 대부분이기 때문에 일반 신용도가 낮고 현금이 없는 서민들에게 이용된다.

저소득층이 주택을 구입하는데 가장 큰 장애였던 downpayment 부담은 크게 줄이고 월 납부 이자를 높이는 영업전략을 채택한 것이 서브프라임 모기지의 전략적인 마케팅 포인트였던 것이다. 이러한 여러 개의 저당주택을 담보로 한 증권을 발행하여 투자은행 등에게 환매조건부로 판매함으로써 새로운 mortgage 자금을 조달하는 금융기법이 크게 발전하였는데 이번에 이러한 환매조건부 증권이 시장에서 환매거부 사태가 일어나면서 금융시장이 급속하게 냉각된 것이다.

이러한 서브프라임 모기지 문제가 발생한 원인은 이자율 인상에 있다. 미국 정부는 주택경기 과열, 인플레 압력 증대 등에 대처하기 위하여 기준금리를 2004년 6월 이후, 0.25% 포인트씩 17차례 인상(1.0% → 5.25%)했고 이에 따라 주택담보 대출자들의 이자 부담이 30%~50% 가량이 앙등하는 바람에 연체율이 높아졌으며 2006년 여름부터 주택 경기침체가 본격화됨에 따라 주택을 담보로 한 추가 대출이 어려워지자, 저소득층들의 이자지급이 곤란해지기 시작하여 더욱 어려운 상황이 된 것이다.

특히 서브프라임 모기지는 조기에 상환코자 할 때는 페널티(벌금) 부담이 가중되어 주택가격 하락 시에는 보유주택을 처분할지라도 자금을 상환할 능력이 부족하게 되어 2006년 하반기부터 미국의 주택가격이 하락 국면에 접어들면서 문제가 수면 위로 부상되기 시작하였다. 이에 따라 60일 이상 연체 및 체납처분대상 비율이 2003년도 7%에서 최근 10% 이상 수준으로 점차 상승하는 추세에 있고(06년 3/4분기 13.33%, 4/4분기 14.44%), 2007년 중 이자율을 재조정할 경우 연체율은 더욱 증가할 전망이다.

이에 따라서 서브프라임 모기지 대출 회사들의 부도 위기 증가로 금융시장 불안이 증대되어 서브프라임 모기지를 취급하는 총 8,000여 개 대출 회사 중 22개사가 파산되었고 기타 회사도 경영상태가 악화되고 있는 상황이다. 서브프라임 모기지 업계 2위인 뉴센츄리사는 투자은행으로부터 차입한 84억불의 채무부담을 견디지 못하고 파산상태에 있을 정도이다.

주택경기하락 국면 상황에서 서브프라임 모기지 연체율이 증가함에 따라 주택경기침체 지속 → 주택가격 하락 촉진 → 연체증가 → 주택경기 악화 등의 악순환이 계속될 가능성이 있다고 부정적으로 보는 시각이 있다. 반면에 전체 모기지 시장에서 서브프라임 모기지가 차지하는 비중이 5% 수준에 불과하고 Prime mortgage 상환은 대체로 순조롭게 진행되고 있기 때문에 파장 확대가 제한적일 것이고 미국의 전체 실업률이 5년째 최저수준에 있고 향후 고용전망도 양호하여 모기지 상환 여건은 좋은 편이며 다수의 자산유동화 채권은 헤지펀드들이 보유하고 있고, 채권들은 다양한 방법으로 위험이 분산화 되어 있는 상황이기 때문에 조기에 수습되고 안정이 될 것이라는 긍정적인 전망이 함께 공존하고 있는 상황이다.

필자의 생각으로는 미국과 유럽은행이 조속하게 진화에 나서고 있고 전체적인 금융시장에서의 규모가 상대적으로 작기 때문에 전 세계 금융시장에 미치는 영향은 제한적일 것으로 판단이 된다.

하지만 이러한 사태는 심리적인 요소가 많이 작용하기 때문에 우리로서는 국제 금융시장의 움직임을 예의 주시하면서 우리에게 어떤 영향을 주게 될지에 대한 대책을 늘 염두에 두어야만 할 것이다.

경제 07 / 세계 경제 환경변화에 발 빠른 대응이 필요하다

세계경제는 참으로 빠른 속도로 블록화가 가속화되고 있는 양상이다. 유럽의 경우 EEC가 EC로 그리고 급기야는 EU(유럽연합)으로 지역적 통합을 이루어 왔으며 유럽과 아시아를 연결하는 ASEM(아시아/유럽 정상회담)으로 발전하면서 그 통합을 향한 폭을 넓히고 있다.

미주의 경우 미국과 캐나다, 그리고 멕시코 3개국이 NAFTA(북미자유무역지대)를 창설한 후에 아시아/태평양 경제협력기구인 APEC으로 이어지고 급기야는 쿠바를 제외한 미주 대륙의 34개국이 미주자유무역지대(FTAA)를 창설하기로 합의함으로써 캐나다의 북극지방에서부터 칠레의 케이프 혼에 이르는 미주대륙 전체를 하나의 시장화하려는 계획이 시작되었다.

이러한 세계적인 추세에 개정 조약 이라는 이름으로 부활되는 새 유럽헌법은 EU(유럽연합)를 국제무대에서 하나의 정치공동체로 부상시키는 계기를 마련하게 된다.

유럽 6개국으로 출발해 현재 27개국으로 확대된 EU는 그동안 여러 개의 조약에 기반을 두고 점진적으로 커져왔다. 이 과정에서 경제공동체로 출발한 EU는 정치공동체로 발전하는 단계를 밟아왔다. 지난 2004년에 폴란드 등 10개국이 새로 가입하고, 루마니아와 불가리아가 가입하면서 회원국은 27개국으로 늘어난 것이다. 갑자기 커진 EU를 보다 효율적으로 재정비하고 '하나의 유럽'이라는 정치 통합을 가속화하기 위해 지난 2002년부터 기존의 여러 조약을 하나의 유럽헌법으로 대체하는 방안을 추진해왔다.

유럽헌법은 2004년 정상회의에서 초안을 마련, 각국 정상들로부터 합의를 얻어냈지만 이듬해인 2005년 각국 비준을 거치는 과정에서 프랑스와 네덜란드의 국민투표에서 부결되는 바람에 좌초되었다가 드디어 2007년 순회의장국을 맡은 독일의 메르켈 총리가 유럽헌법 부활을 강력하게 추진하고, 새로 취임한 프랑스의 니콜라 사르코지(Sarkozy) 대통령이 국민투표가 필요 없는 '미니 조약' 형태의 유럽헌법을 제안하면서 유럽헌법 부활은 급물살을 탄 것이다. 새 헌법이 정상 회의에서 합의된 대로 오는 2009년 상반기 발효될 경우 논의가 시작된 이후 7년 만에 마무리되는 것이다.

'개정 조약'이라는 이름의 새 유럽헌법안은 2005년 좌초한 기존의 유럽헌법에서 '초(超)국가'적 이미지를 줘 네덜란드, 프랑스 국민투표에서 부결됐던 EU 국기(國旗), 국가(國歌) 등과 같은 '문제 조항'을 삭제한 수정안이다. 하지만 기존에 사용되던 EU 깃발, EU 노래인 베

토벤의 '환희의 송가'는 그대로 사용한다. 또 EU 대통령을 신설하는 등 법규와 제도 혁신을 위한 핵심 조항들은 그대로 담고 있다. 그 결과 국제무대에서 EU의 목소리가 더욱 일관되게 커질 것으로 보인다. 외교 및 안보정책을 총괄하는 직책도 신설된다. 대신 외무장관이라고 부르지 않고 외교안보정책 고위 대표라고 부른다. 임기는 대통령보다 긴, 5년이다. 현재는 순회의장국의 외무장관이 EU 외무장관 회의를 주재하는데, 신설되는 외교안보정책 고위 대표가 이를 주재한다. EU 행정부 격인 집행위원회의 집행위원 수를 현재의 27명에서 18명으로 축소, 효율성을 높이는 개혁도 추진된다.

또한 폴란드의 반대로 논란을 빚었던 이중다수결 제도라는 의사결정 방식도 변경이 있었다. 그 동안 EU는 만장일치제를 채택해왔는데, 급팽창한 EU가 더 이상 이런 방식으로 운영되기는 힘들게 되었기 때문에 27개 회원국 중 55%(15개국) 이상이 찬성하고 찬성 국가의 인구가 EU 전체 인구의 65%이상이 돼야 주요 정책을 결정할 수 있게 의사결정 방식을 바꿨다. 그 결과 인구 수 많은 나라의 의사 결정권이 커진다. 8200만 명으로, EU 내 인구 1위인 독일의 목소리가 가장 커지게 돼, 역사적으로 독일의 침략을 계속 받았던 이웃 폴란드(인구 3850만 명)가 격렬하게 반대한 것이다.

이중다수결제는 '개정 조약'이 발효되는 2009년 대신 2014년부터 부문별로 도입해 2017년에 완전 도입하는 것으로 막판에 극적인 합의를 이뤘다. EU 정상들은 이번 합의에 흡족한 표정을 감추지 못했다.

니콜라 사르코지 프랑스 대통령은 "개정 조약은 유럽의 미래에 필수적인 것으로, 이제 유럽은 앞으로 나갈 수 있게 됐다"고 했고, 메르켈 총리는 "합의할 수 있었다는 데에 매우 만족한다"고 말했다. 창설 반세기만에 세계 최대의 단일시장으로 급성장한 EU가 덩치에 걸맞게 단일한 정치적 목소리를 낼 수 있는 토대가 마련된 것이다.

27개국이 힘을 합친 유럽연합이 세계시장에서 갖게 될 영향력을 우리는 미리 예측하여 이에 대응하는 전략도 수정되어야만 할 것이다. 미국과 중국, 그리고 유럽연합의 팽팽한 한판 승부가 흥미로울 것으로 예상되며 그 와중에 한국의 전략적 대응이 궁금해지는 대목인 것이다.

경제 08 / 러시아 경제는 앞으로도 지속적인 성장을 할 것이다

전 세계의 이목이 집중되어 있는 국가 중의 하나가 러시아이다. 푸틴대통령이 취임한 이후에 지속적인 발전으로 많은 사람들을 놀라게 하고 있으며 투자의 대상으로 관심을 두게 되는 나라이기 때문이다.

러시아는 외국인 투자자에게 매력적이지만, 곳곳에 암초가 가려져 있는 어려운 시장이기 때문에 외국 투자자들에게 러시아 시장은 진입하기에 낙관적이지 않다는 견해가 많지만 투자는 꾸준하게 늘어나고 있다. 무엇보다 외국인에게 우호적이지 않은 러시아적 토양이 문제라는 지적이 있다. 사실이다. 하지만 빠른 속도로 변화하고 있다는 것이 전문가들의 견해이다.

러시아가 변화하고 있다지만 외국인들이 기업 하는데 있어 법규 등 제도적인 장애 역시 많다는 것 또한 사실이다. 따라서 투자를 결정하는 데 있어 러시아의 현재 정치, 경제 상황을 어떻게 보느냐가 가장 중요하다고 할 수 있다.

아마 많은 사람들이 1990년대 말까지만 해도 러시아의 정치 상황이 안정될 수 있을지, 경제는 곤두박질치지 않을지 '관망(wait and see)' 전략을 채택해야 한다고 했을 것이다. 그러나 블라디미르 푸틴 대통령이 집권하면서 이미 러시아의 모든 것이 올바른 방향으로 가고 있다고 본다. 문제는 투자자들이 확신을 갖느냐의 여부다. 불과 몇 년 전까지만 해도 외국 기관투자가들은 러시아에 투자를 하면서 불과 수억 달러의 자본을 갖고 왔다.

하지만 러시아의 상황은 급변하고 있다. 요즘은 한 회사가 수십억 달러를 투자한다. 정말 어느 누가 예상했던 것보다 훨씬 빠른 속도로 러시아는 변화하고 있다. 투자자 입장에서 러시아가 갖는 가장 매력적인 요소는 오늘과 내일이 결코 같지 않을 것이라는 점, 다른 곳과 비교할 수 없는 거대한 기회의 땅이라는 점이다. 그럼에도 러시아 역시 다른 이머징마켓처럼 정치에 발목 잡힐 수 있다는 관측이 있다. 그래서 2008년 대선이 중요하다. 대선에 기업 하는 사람들이 관심을 갖지 않을 수 없는 이유는 푸틴 정부와는 다른 방향으로 경제정책이 운용되고 과거처럼 또다시 통제된 사회로 가지 않을까 하는 우려가 있기 때문이다. 물론 이런 우려는 당연한 것이다. 하지만 러시아의 경제는 매우 안정된 상태(stable position)이기 때문에 앞으로도 오랫동안 붐(boom)이 일 것으로 확신한다는 것이 전문가들의 관측이다.

부동산을 포함해 러시아 시장 전반이 과열됐다는 분석들이 나오고는 있지만 과열이 아닌 이유는 러시아 경제가 성장세에 있고 앞으로도 성장의 추진력이 무한하기 때문이다. 러시아 정부의 안정화기금 (stabilization fund)이 1000억 달러이고, 외환보유고는 3000억 달러를 넘어 세계 3위다.

두 자릿수를 기록해오던 인플레이션은 한 자릿수로 억제되고, 연평균 경제 성장률은 6.5%를 넘는다. 고정투자증가율은 연간 12.5%씩 증가하고 있다. 실업률은 7%대에서 악화되지 않고 있다.

하지만 안정화기금을 부동산시장에 주로 투자하면 경제를 악화시킬 수 있다는 지적도 있다. 그럴 수도 있지만, 만일 부동산 투자를 촉진하게 되면 이는 자연스레 국민들의 삶의 수준도 높아지는 쪽으로 갈 수 있다.

삶의 질을 높이기 위해 소비를 늘리게 되는 것이다. 그렇게 되면 쇼핑이나 통신, 자동차시장이 커지게 된다.

부동산 건설 분야에 대한 대규모 투자는 건설회사들의 건전성을 높이게 되고, 나아가 교통, 공항, 항만 등 인프라 건설도 박차를 가할 수 있는 여지가 생기기 때문에 큰 문제가 되지 않을 것이라는 주장이 설득력을 얻고 있다.

러시아 경제가 지나치게 에너지산업에 의존하고 있어 제조업이 위축되는 네덜란드병(Dutch disease)의 징후가 있다는 주장도 있지만 러시아 경제는 에너지에 의존하는 비율을 계속해서 줄이고 있다. 오늘날 이동통신을 비롯한 다른 분야가 급성장하고 있고 올 들어 제조업이

10% 이상의 성장률을 기록하고 있다. 러시아 경제는 외국인 투자가 많이 들어왔기 때문에 단기간에 무너질 위험도 없는 편이다.

따라서 많은 러시아 전문가들은 향후 5~15년간 러시아 경제가 더욱 발전할 것으로 보고 있다. 물론 아직도 러시아의 경제성장에 발목을 잡을 수 있는 요소들은 있다.

검은돈, 배타적인 관료, 외국인에 대한 배타성 등은 분명한 장애 요소이다. 하지만 2억5천만 명의 거대한 시장규모와 풍부한 지하자원은 대단히 매력적이며 푸틴 이후의 자유경제에 대한 국민들의 높은 호응도는 외국인 누적 투자액을 1515억 달러를 넘게 하는 역동적인 요소로서 향후 러시아의 발전에 큰 동력이 될 것이기 때문에 필자도 러시아는 앞으로 10-15년 동안 꾸준한 성장세를 보일 것이라고 확신한다.

최근 주식시장에서 브릭스(BRIC's) 펀드가 인기가 있는 이유도 많은 세계인이 그 국가들의 장래 성장 가능성을 높게 보고 있기 때문이며 러시아가 그 중 하나로 눈여겨볼 만한 국가이기 때문인 것이다.

경제 09 질주하는 인도경제는 과열인가?

지금 세계에서 경제적으로 가장 잘 나가는 국가 중의 하나인 인도는 세계인의 주목을 받고 있는 곳이다. 4년째 8% 이상의 경제성장을 하고 있고 이에 따라 물가 상승률 또한 매우 높기 때문이다.

인도경제가 뜨고 있기 때문에 인도에 투자하려는 펀드도 많은 사람들의 주목을 받고 있다.

그러한 인도경기가 요즈음 과열이다, 아니다 라는 논란이 뜨겁다. 아직도 몇 년간은 8% 이상의 고속성장이 거뜬하다는 쪽과 4년째 이어지는 8% 이상의 고속성장의 여파로 벌써 물가와 부동산 가격이 폭등하는 등 과열 조짐이 보여 성장세가 둔화될 것이란 쪽이 팽팽히 맞서고 있다. 인도 펀드 투자자들은 물론이고 인도경제에 관심이 있는 사람들은 모두 이 논란 속에서 여간 헷갈리는 게 아니다.

인도 전체가 그렇듯 인도 경제도 극단의 모순이 존재한다. 세계 최고의 임대료를 자랑하는 뉴델리와 뭄바이의 사무실이 있는가 하면, 하루 2달러 미만으로 생활하는 인구가 8억 명에 이른다는 통계가 나오는 나라다. 이 같은 극단의 패러독스는 현상을 정확히 판단하기 힘들게 만들고, 경기 과열 논란을 더욱 달구는 측면이 강하다.

경기과열이란 수요를 공급이 따라가지 못하는 것이다. 소비자들이 원하는 만큼 제품 공급이 안 되다 보니, 물가 상승, 소비 위축, 저축 감소, 금리 인상, 소비와 투자 위축의 순환구조를 거치며 경기가 냉각된다는 논리다.

1년에 두 배씩 뛰는 부동산, 가파른 물가상승률, 은행 대출 30% 증가 등의 수치는 분명한 위협적인 요소이다. 그러나 국가부채가 줄어들고 있고 11억의 거대시장의 특수성이 있다는 점을 간과해서는 안 된다.

경기과열 유발의 3대 요소로는 흔히 인플레이션, 정부 부채, 자산가치가 꼽힌다. 그런데 인플레이션 조짐이 보이고, 자산가치는 엄청나게 치솟는데 정부 부채는 줄고 있다. GDP(국내총생산) 대비 국가 부채는 작년 4.6%다. 1987년 9.5%까지 치솟았고, 지난 2002년만 해도 6.7%였지만 많이 낮아졌다. 경기과열 조짐이 나타나면 정부가 과도하게 개입하게 된다는 통상적인 현상과는 다르다. 인도의 잠재력을 보면 8% 성장이 경기 과열이라고 하기 힘들며, 6%의 인플레이션은 다른 개발도상국과 비교할 때 결코 높지 않다는 주장이 힘을 얻고 있다.

다만 빈부 격차가 워낙 심하고 빈민층이 8억 명이 넘다 보니 체감물가상승률이 매우 높은 것이라는 것이다. 물가가 올라 인구의 90%

이상인 9억 명의 소비가 줄더라도, 이미 중산층 반열에 오른 1억 명의 소비가 충분히 버텨주는 구도란 것이다. 더욱이 인도엔 해외직접투자(FDI) 못지않게 중국의 화교(華僑)와 같은 개념인 NRI(non resident Indian, 비거주 인도인)의 비공식적 유입 자금도 상당한 것으로 알려지고 있다. 또 상당수 부유층의 경우 고정적인 수입과 무관하게 축적된 자산이 많아 어느 정도 물가 상승에도 불구하고 소비는 지속할 수 있다는 것이다.

따라서 장기적으로 부동산 가격의 상승은 이어지겠지만, 인도 정부의 과감한 규제 완화가 이어진다면, 지금처럼 우려할 만한 상승세는 완화될 수 있다는 설명이다. 경기과열의 조짐이 있는 것은 분명 하지만 이것이 경기의 급랭으로 이어질 가능성은 낮을 것으로 전망된다.

더욱이 인도의 잠재력을 감안한 해외기업들의 지속적인 투자, 도로 항만 공항 등에 대한 인도 정부의 투자 등이 뒷받침 된다면 경착륙의 가능성은 높지 않은 것으로 보인다. 상당수 인도 전문가들은 당분간 7~8%의 고성장세가 이어질 것이라고 전망하고 있다.

과열적인 면이 있다고 하더라고 인도의 질주를 막을 수는 없을 것으로 판단된다.

과제 10 / 한국자동차의 유럽 진출과 그 의미

기아차가 슬로바키아 질리나시에서 유럽 생산공장의 역사적인 준공식을 가졌다. 현대 · 기아자동차의 해외 진출의 약진을 볼 수 있는 단면이다. 2004년 4월 착공된지 정확히 3년만의 일이다.

슬로바키아에 세워진 기아차 유럽공장은 한국 자동차산업 역사상 처음으로 유럽연합(EU)의 역내에 세워졌다는 점에서 큰 의미를 갖는다. 유럽시장 공략의 신호탄이란 평가까지 나올 정도다.

슬로바키아도 감회가 남달라 보였다. 지난 2004년 그렇게도 갈망하던 EU 가입의 꿈을 이룬 후 대규모로 외자를 유치한 프로젝트가 다름 아닌 기아차 질리나공장이었기 때문이다.

기아차가 2004년부터 10억 유로(약 1조2000억원)를 투입해 완공한 슬로바키아 공장은 연산 30만대 규모. 지난해 12월부터 기아차의 유럽 전략 차종인 씨드(Cee'd)를 생산하고 있다. 현대차그룹은 연간 30만대 규모인 현대차 체코 공장 착공식도 갖는다. 질리나에서 불과 85km 떨어진 체코 노소비체 지역에 건설되는 이 공장은 총 11억 유로(약 1조4000억원)가 투입돼 2009년 3월 가동에 들어간다.

　2011년 두 공장이 모두 가동되면 현대·기아차의 중부유럽(체코·오스트리아·헝가리·슬로바키아) 생산 능력은 연산 60만대로, 독일 폴크스바겐(100만대)에 이어 두 번째 규모가 된다.

　원화가치 급등과 엔화 약세로 성장침체기에 들어선 미국시장 대신, 세계 최대 규모인 유럽 시장을 새 성장 엔진으로 삼겠다는 전략이다. 유럽 자동차 시장 수요는 지난해 2121만대로 미국시장(1655만대)을 훨씬 앞섰다.

　기아차는 연초 유럽 시장에 준중형 해치백 모델 '씨드'를 출시하면서 유럽 공략을 본격화하고 있다. 1분기(1~3월) 판매대수는 1만2000대로 순조로운 출발을 보였다. 기아차는 올해 씨드 10만5000대를 생산, 이 중 8만대 가량을 판매한다는 계획이다.

　기아차는 또 올 하반기 소형 SUV(지프형차) 스포티지도 투입, 4만5000대 가량을 이 공장에서 생산키로 했다. 준공 첫해인 올해 15만대를 생산하면서 슬로바키아 공장을 조기에 정상궤도로 올려놓겠다는 뜻이다.

　현대·기아차가 유럽 시장에 승부를 건 것은 미국과 유럽, 한국으로 이어지는 3각 시장 체제가 형성돼야 각 시장이 보완관계를 유지하며 안정 성장을 할 수 있다는 판단에 따른 것이다.

　특히 유럽은 중대형차 중심인 미국과 달리 중소형차 비중이 높고, 일본 업체의 시장지배력도 약해 '한번 해볼 만하다'는 분석이다. 일본 업체들은 80년대부터 유럽시장에 도전했지만, 아직 현지 업체의 높은 벽을 뚫지 못하고 있다.

중·동부 유럽 지역의 높은 생산성과 낮은 임금, 빠른 경제 발전도 현대차그룹에 매력적인 요소다. 기아차의 한 임원은 "슬로바키아 공장은 근로자들의 수준이 높은 데다 첨단 로봇 350대까지 투입돼 생산성과 품질에서 국내 공장 못지않은 성과를 내고 있다"고 말했다. 반면, 임금은 국내의 10분의 1 수준인 것으로 알려졌다. 또 현지 생산 차량은 10%의 관세가 면제돼 가격 경쟁력 면에서도 유리하다.

그러나 회의적인 시각도 있다. 유럽은 일본차도 도전했다가 실패했을 정도로 소비자 취향이 다르고 강력한 경쟁자도 많아 생각만큼 쉽지 않을 것이라는 분석이다.

한국자동차의 유럽진출은 과거 대우자동차가 진출했던 때하고는 상당히 다른 상황이다. 대우자동차가 유럽에 진출 했을 때의 우리 기술 수준보다 지금이 훨씬 우수하며 현대·기아자동차의 인지도 또한 글로벌 마케팅을 전개하기에는 매우 유리한 상황이기 때문이다.

필자의 생각으로는 한국자동차 산업은 분명히 2020년 안에 전 세계에서 3대 자동차 회사를 배출하게 될 것이며 그러한 발전적인 도전의 과정에 있는 것이라고 확신한다. 최근 일본의 도요타자동차 회장이 1931년 이후 일본 자동차가 미국의 GM과 Ford를 제치고 세계 제일의 자동차 회사로 확정되는 날, 자신들의 맹렬한 추격자로 '현대·기아 자동차 그룹'을 지목한 것은 우연한 일이 아닌 것이다.

    한국자동차의 미국에 이은 유럽 진출은 한국자동차 산업의 새로운 장으로 기록될 것이다.

11 / 인도의 급부상과 세계경제속의 위상

신비의 나라로 알려져 있는 불교의 발원지인 인도는 히말라야산맥의 남쪽, 인도반도의 대부분을 차지하는 공화국이며 정식명칭은 인도공화국이다.

수도는 델리이며 통화는 루피라는 단위를 쓰고 있다. 면적은 3,287,263㎢(한반도의 15배)이고 종교는 힌두교(82.6%), 회교(11.4%), 시크교(2%)가 주를 이루고 있는 곳이다.

언어는 힌디어(32%)를 포함하여 15개의 공용어를 쓰고 있으며 영국의 지배를 오랫동안 받은 영향으로 영어도 통용이 된다. 이러한 인도가 오랫동안의 잠 속에서 일어나는 코끼리처럼 거대한 몸집을 세상에 들어내고 있는 것이다.

최근 세계적인 투자자문. 예측기관인 골드만 삭스는 인도가 2020년까지 연 평균 8%의 고속성장을 할 것이며, 2042년이면 미국을 제치고 중국에 이어 세계 2위의 경제대국으로 올라설 것이라고 전망했다.

영국의 파이낸셜타임스(FT)가 보도한 골드먼삭스 보고서에 따르면 인도 경제는 연 평균 8% 성장을 통해 2017년까지는 이탈리아, 프랑스는 물론 자신을 지배했던 영국까지 누르고 세계 5위 경제국이 된다는 것이다. 이어 2019년에는 독일을, 2025년에는 일본을 추월할 것으로 예상하고 있을 정도로 급부상하고 있는 것이다.

골드먼삭스는 지난 2003년 보고서에서 인도의 장기 경제성장률을 5%로 잡았지만 인도 경제가 예상보다 빠르게 성장하고 있다며 8%로 올려잡은 것이다. 그만큼 최근의 인도의 행보가 빨라졌다는 것이다. 보고서는 또 고성장으로 인도의 자동차 보급률이 2020년까지 5배로 높아질 것이며, 이와 함께 석유 소비량도 3배로 증가하면서 세계 에너지 시장의 긴장요인이 될 것으로 내다보고 있다.

이러한 보고서의 배경을 뒷받침이라도 해 주듯 2007년 초반부터 인도 산업계는 M&A(인수·합병)로 시끄러웠다. 인도 제약업계 1위인 란박시(Ranbaxy)가 세계 3위권의 제약업체(제너릭·복제약 기준)인 독일 머크(Merck)사를 23억 달러(2조원)에 인수하겠다고 폭탄 선언을 했기 때문이다. 란박시는 매출 1조2000억원 수준으로 글로벌 수준에선 아직 10위권의 중견 업체. 하지만 새우가 고래를 삼키겠다고 나선 것이다. 그것도 IT업계나 제조업이 아니라 차세대 산업으로 각광받는 BT(바이오 산업)여서 더욱 뜨거운 주목을 받았다.

인도 기업들의 글로벌 M&A 시장에서 '큰손'으로 등장한 것은 어제오늘이 아니다. 2006년 말에는 인도 재계 2위 기업인 타타(Tata) 그룹이 유럽 시장 2위의 철강업체인 코러스(Corus) 그룹을 81억 달러 (8조원)에 매입하기로 정식 서명을 했다. 이번 M&A는 인도 기업 사상 최대 규모다. 기존의 인도 기업의 최대 M&A(7억6600만 달러)보다 10배나 큰 덩치인 데다 먹히는 코러스는 먹는 타타스틸(철강)보다 자산 규모가 4배나 크다. 이로 인해 타타스틸의 세계 철강업계 순위가 55위에서 순식간에 6위로 50단계 가까이 뛰어오르게 된다. 매머드급 M&A는 타타 그룹의 구조도 바꿔 놓았지만 철강업계 전체의 지형도마저도 뒤흔들어 놓고 있는 것이다.

벌써부터 세계 철강업계에서는 인도 출신 '철강왕' 락시미 미탈 (Lakshmi Mittal)이 작년 초 유럽 최대이자 세계 2위 철강업체였던 아르셀로(Arcelor)를 인수한 데 이어 타타마저 공세에 나서면서 유럽 철강업계가 인도인의 손아귀에 넘어가게 됐다는 자조(自嘲)적인 얘기가 나돌고 있다. 인도가 아웃소싱기지에서 본격적인 글로벌기업의 본사로 변모하고 있는 모습인 것이다.

'달리는 코끼리' 인도가 이젠 '기업 먹는 코끼리'로 변신하고 있다고 할 수 있다. 2006년 한 해 동안에만 무려 150여 개의 기업을 먹어 치웠다. 금액으로는 200억 달러(19조원)가 넘는다. 아직 전 세계 M&A시장에서 인도 비중은 3%대에 불과하지만 폭발적인 증가 속도 때문에 더욱 주목을 받는 것이다. 지난 2003년엔 50건(18억 달러),

2004년엔 60건(17억 달러), 작년엔 136건(44억 달러)에 이르렀는데 특히 인도의 5대(大) 대규모 해외기업 인수합병 중 4건이 지난해 이뤄졌다는 점도 주목된다.

인도는 그동안 그저 구매력이 큰(세계 4위 잠재 구매력) 시장이나 소프트웨어의 아웃소싱 기지 정도로 주목을 받아왔다. M&A시장에 뛰어들더라도 '소액 사냥꾼' 정도로 자리 매김 되었던 곳이 엄청난 강자로 부상하고 있는 것이다.

인도의 급부상의 동력은 첫째, 영어권이라는 점이다. 영국의 지배를 받았던 것이 큰 이점이 되고 있는 것이다. 둘째, 10억이 넘는 거대한 내수시장을 지니고 있다는 것이다.

셋째, 수학을 비롯한 과학계통의 강한 경쟁력이 그들을 IT산업의 주역으로 부상시키고 있다는 점이다. 미국의 실리콘밸리의 많은 과학자들이 인도사람들이라는 점이 그를 증명하고 있는 것이다.

인도의 부상은 일본과 중국 그리고 한국과 함께 미래 세계 힘의 중심을 아시아로 옮기는 큰 축이 될 것이기 때문에 우리가 관심을 가지고 지켜보아야 할 시장인 것이다.

경제 12 / 정치는 경제를 위하여 존재해야 하는 것이다

예로부터 정치는 국민들을 편안하게 생활하도록 해 주는 활동이다. 국민들이 편안하게 산다는 것은 우선 정신적으로 안정이 되어야만 하고 물질적으로 풍요로워야만 한다.

물질적으로 풍요롭기 위해시는 경제가 좋아야만 하고 경제를 좋게 하기 위해서 노력해야하는 것이 바로 정치인 것이다.

경제가 가장 중요한 단어로 우리들에게 다가온 것은 20세기 말엽부터라고 할 수 있다. 모든 국가의 근간이 경제에서 비롯된다는 것이 산업사회를 거치면서 더욱 우리의 피부에 와 닿았기 때문일 것이다.

한 국가가 유지, 발전되기 위해서는 국력이 있어야만 하는데 이 국력을 키우는 근본이 바로 경제이기 때문이다.

한 국가의 경제가 제대로 자리잡아 경쟁력을 가지고 세계의 국가들과 경쟁에서 이기기 위해서는 그 국가의 정치가 잘 되어야만 한다. 정치는 국가의 모든 것을 잘 돌아가게 하여주는 윤활제이며 기둥이기 때문에 매우 중요하다고 할 수 있다. 정치가 안정되어 있지 않은 국가들 중에서 경제적으로 발전하고 있는 나라가 없는 이유가 바로 여기에 있다고 할 수 있다.

우리나라의 경우를 보면 지하자원이 거의 없는 국가이기 때문에 유일하게 가지고 있는 인적 자원을 최대한 활용하여 경제를 일으키는 수밖에는 없는 국가이다. 우리와 같은 유형의 국가들이 경제적으로 잘 발전하기 위해서는 인적자원에 대한 교육과 훈련이 잘 되어야 하며 인적자원이 최대한 효율적으로 활용되기 위한 사회적인 시스템의 가동, 즉 정치가 잘 되어야만 한다고 할 수 있다.

지하자원이 없는 국가로서 세계적인 선진국 대열에 들어가 있는 국가들의 경우를 보면 예외 없이 정치가 안정되어 있는 나라들이라는 것을 쉽게 알 수가 있다. 이것이 바로 정치가 경제를 이끌어 주는 견인차 역할을 한다고 평가되는 이유이기도 하다.

요즈음 우리 주변에서 '정치가 경제의 발목을 잡는다' 라는 말을 자주 듣게 되는데 이러한 말은 정치가 경제를 위해 있는 것이 아니라 경제에 큰 걸림돌이 된다는 뜻으로 우리 정치가 선진국형이 되려면 멀었다는 것을 의미하고 있어 안타까운 마음이 든다.

정치권이 제일 먼저 각성해야 할 것이 있다면 21세기, 세계화 시대를 맞이한 우리에게 정치는 정치를 위해서 존재하는 것이 아니라 경제를 위해서 존재한다는 것을 인식하는 일이 될 것이다. 그러한 각성이 우선 되었을 때 정치는 비로써 경쟁력 제고를 통해 우리나라를 선진국에 진입시키는데 중요한 역할을 하게 될 것이다.

지금과 같은 정치 상황이 지속된다면 경제의 발목이나 잡는 걸림돌이라는 오명을 벗지 못하게 될 것이다.

지금까지 한국경제가 축구로 치자면 동네축구 수준을 벗어나 지역예선에서 선전하고 있었다면 지금부터는 그야말로 월드컵 본선에 진출하는 시기이기 때문에 우리는 보다 강력한 리더십이 필요한 시점이라고 할 수 있다. 같은 축구팀도 누가 이끄느냐에 따라 월드컵 성적이 달라지기 때문이다. 따라서 한국경제를 한 단계를 업그레이드시키기 위해서는 정치가 안정되고 미래지향적으로 되어야만 한다.

가 계층의 리더들이 정치가 경제위에 군림하는 것이 아니라 성치는 경제를 위해서 존재한다는 사고방식과 행동양식을 갖게 될 때 한국경제는 보다 빨리 선진국에 진입하게 될 것이다.

경제 13 / 해상왕 장보고의 정신으로 세계로 미래로 전진하자

우리나라 역사상 가장 먼저 활발하게 해상무역을 했던 장보고 장군은 국제경제를 하는 사람들의 우상이다. 동북아시아 해상권을 장악한 역사적인 인물이기 때문에 우리는 그를 존경하는 것이다.

6세기 중반 신라가 백제, 고구려를 무너뜨리고 당나라 군대를 축출했을 당시에 태어나 당나라 해적들에게 붙잡혀 가는 신라인들을 본 그는 7세기 초반에 당나라 군인을 그만둔다. 이후 신라로 내려가서 흥덕왕의 허락을 받아 청해진을 설치하고 신라방, 신라촌, 법화원 등의 여러 무역시설들을 만들어 해적들을 소탕한다.

해상 아라비아, 서역, 당나라, 신라, 일본 등과 활발한 무역을 하여 신라의 이름을 드높였으며 국력을 강화시키는데 크게 일조를 한 역사적인 인물이다.

경제를 발전시키기 위해서는 반드시 세계로 뻗어나가야 되기 때문에 국제통상은 중요한 것이며 따라서 장보고 같은 인물이 지금까지도 역사적으로 존경을 받고 있는 이유이기도 하다.

한국과 미국 간의 자유무역협정(FTA)이 타결됐다. 한미 FTA는 두 나라간의 FTA로는 세계 최대 규모 무역협정이다. 한미 FTA의 경제·사회적 파급효과와 충격은 이전의 어떤 국제조약, 통상협정과 비교할 수 없을 만큼 크다.

선진화를 달성한 세계 제2위의 경제대국 일본과 선진화의 목표를 향해 질주하는 중국 사이에 끼여 '샌드위치'가 돼가던 한국 경제가 한미 FTA를 통해 새로운 도약의 기회를 맞은 것이다. 미국은 2006년 수입액이 1조 8551억 달러에 이르는 세계 최대 시장이다. 한국은 그 미국 시장에 지난해 458억 달러 어치의 상품을 수출했다.

FTA가 발효돼 평균 4.9%의 관세 부담이 없어지면 보다 많은 수출을 할 수 있는 계기를 마련할 수 있게 된다. 자동차, 섬유, 부품소재, 디지털 TV 등의 수출이 더 활발해질 것이다. 소형 화물차처럼 25%나 되는 관세율 때문에 수출이 불가능했던 품목에서 새로운 시장이 열릴 수도 있다. 미국 공항이나 항만에서 길게는 5일까지 걸리는 대미 수출품 통관 절차가 앞으로는 48시간 안에 끝나게 되는 것도 큰 도움이 될 것이다.

수출만 늘어나는 것이 아니다. 일본과 유럽연합(EU) 기업들이 미국에 수출할 때 무관세 혜택을 받기 위해 한국에 공장을 짓는 등 한국에 대한 투자를 늘릴 가능성도 커진다. 수출이 늘고 투자가 늘어나면 일자리도 많아진다. 국민 소득도 늘고 성장률도 높아진다. 세계에서 가장 비싼 쇠고기를 먹어야 했던 소비자들에게도 수입 쇠고기 값이 10~20% 떨어지는 이득이 돌아간다. 값싸고 질 좋은 상품과 서비스 공급도 늘어날 것이다. 소비자 이익만도 연간 3조원이 넘을 것이라는 분석이다.

한미 FTA에서는 이런 경제적 이익 못지않게 눈에 보이지 않는 효과도 중요하다. 국내 제도와 관습을 글로벌 스탠더드에 맞게 개선하고 선진기술과 경영기업을 받아들여 산업구조를 고도화하는 계기가 될 수 있다. 1996년 유통시장 개방으로 다 망할 것이라고 했던 한국 유통업체들이 오히려 선진기법을 배워 경쟁력을 키워 결국 월마트와 까르프를 국내 시장에서 몰아냈다. 한미 FTA는 국내 산업 전반에 걸쳐 이런 개방의 효과를 낼 가능성이 매우 높다.

아쉬운 점도 많다. 교육, 의료를 비롯한 88개 서비스 업종이 시장개방에서 제외돼 한미 FTA를 통해 서비스산업 경쟁력을 끌어올리겠다는 당초 의도가 상당히 빛이 바랬다.

물론 한미 FTA에는 어두운 면도 있다. 경쟁력이 약한 산업과 기업은 쉽게 바람을 탈 것이다. 일부 기업은 개방과 경쟁의 바람에 넘어질 수도 있다. 농업이 대표적으로 그렇고 반도체 제조장비, 의료용 기기 등 정밀기계, 도료와 의약, 화장품 원료 등 정밀화학 부문도 힘겨워질 것이다. 신약 특허기간과 저작권 보호기간이 늘어나 제약업과 문화산업 부문의 로열티, 저작권료 부담도 커진다.

경쟁력이 약한 부문과 강한 부문 사이에 임금격차가 벌어져 양극화 현상이 심화될 수도 있다. 산업 구조조정 과정에서 단기적으론 8만 5000개의 일자리가 사라질 것이라는 전망도 있다. 이에 따른 사회적 대립과 마찰을 잘 다스리지 못하면 한국 경제를 선진화의 길로 이끌기 위한 한미 FTA가 산업간, 계층간 갈등을 키울 수도 있다.

그래서 FTA의 기대효과를 최대한 살리려면 취약 산업과 계층에 대한 창의적이고 현실적 지원방안을 내놓아야 한다. 우루과이 라운드 이후 60조원이 넘는 돈을 농업 지원에 쏟아 부었으나, 그 많은 돈에서 새싹이 튼 게 아무 것도 없었다. 돈만 날린 것이다. 이런 잘못을 되풀이해서는 안 된다.

세계시장에서의 한판 승부는 축구로 치자면 월드컵 무대로의 진출을 의미한다. 지금까지 K-리그나 지역 예선 정도의 수준이었다면 지금부터는 월드컵 본선에서 한판 붙는 것을 의미한다.

경쟁은 더욱 치열해지지만 우리의 실력은 더욱 크게 향상될 것이다. 국민 모두가 지니고 있는 잠재력을 마음껏 발휘하고 창의성과 생산성을 드높이며 노사가 하나 되어 경쟁력을 제고한다면 당당하게 선진국에 입성해 G-7(세계 7개국)안에 들어가는 국가의 운을 잡을 수 있다고 본다. 이때 가장 중요한 것이 바로 해상왕 장보고의 미래지향적이고 세계 지향적인 자세가 아닌가 싶다.

한미 FTA 체결이 주는 의미를 잘 음미해 부정적인 측면에 대한 정부의 적극적인 대책 마련과 함께 민족의 저력을 마음껏 펼쳐서 장보고의 정신으로 세계로 미래로 전진하는 계기가 되었으면 한다.

경제 14 / 부자가 되려면 경제의 흐름을 타라

자기 사업을 하든지 직장 생활을 하든지 간에 누구나 21세기 경제 전쟁시대에서는 경제의 흐름을 잘 알아야만 성공확률이 높아진다.

작은 구멍가게를 하거나 식당을 하더라도 원재료를 구매하고 가공하고 판매하는 모든 과정이 경제활농 그 자체이기 때문이다. 따라서 경제에 대해서 얼마나 잘 이해하고 활용하느냐에 따라 그 결과가 달라질 수 있는 것이다.

경제는 우리 생활에서 한시라도 떼어놓을 수가 없는 아주 중요한 요소이다. 한국경제의 현황은 어떠하며 미래는 어떠할 것인가를 이해하는 사람이 그렇지 못한 사람보다 부자가 될 확률이 높다는데 이의를 제기하는 사람은 없을 것이다.

한국경제에 대한 이해노력은 경제방송을 꾸준하게 청취하거나 경제신문을 하나정도 구독하는 것이 좋은 방법이 될 것이다. 경제 용어에 대한 거부감을 가지고 있는 분들은 만화로 된 경제관련 서적도 있으니 가까이 하는 노력을 하는 것이 바람직하다고 할 수 있다.

운전면허증 따러 가는 사람이 도로교통법을 읽어보지 않고 가는 것과 같으며 수학 문제 풀겠다는 사람이 구구단을 못 외우면 곤란한 것과 같은 이치인 것이다.

부자가 되고 싶다면 지금부터라도 경제공부를 하기를 권하고 싶다.

우선 한국경제는 해외 의존형 경제라는 것을 이해해야 한다. 한국경제의 70% 이상은 늘 세계경제에 의존하고 있기 때문에 세계경제의 움직임이 우리에게 직접적인 영향을 준다는 것을 알면서 경제의 흐름을 짚도록 하는 것이 필요하다. 마치 논농사를 하는 사람이 자신의 논에 댈 물의 70%는 반드시 다른 저수지로부터 끌어 와야 하는 것과 같기 때문에 한국경제를 잘 이해하기 위해서는 세계경제를 우선적으로 이해하는 노력이 필요한 것이다.

따라서 부자를 꿈꾸고 있는 사람들은 세계경제와 한국경제에 대한 이해 노력이 자신의 경쟁력을 높이는데 매우 중요한 요소라는 것을 인식하고 지금부터라도 가까이 하는 노력을 경주하는 것이 필요하다.

주식시장도 마찬가지이다. 한국 주식시장은 스스로, 독립적으로 홀로 운영될 수 없기 때문에 늘 세계 시장의 동향을 살펴야만 되는 것이다. 한국주식시장의 거의 40%를 외국인들이 차지하고 있는 글로벌 시장이기 때문이다.

월드컵에서 히딩크 감독이 예상외로 큰 성과를 거두어 많은 사람들의 연구대상이 된 적이 있었다. 필자의 생각으로는 히딩크가 세계축구를 보는 안목이 우리 축구를 예상외로 선전케 했던 원동력이었다고 생각한다. 히딩크는 어려서부터 세계 축구를 늘 접하면서 살아온 사람이다. 즉 세계축구의 수준 속에서 한국 축구의 현실을 쳐다 볼 수 있는 능력이 있었다는 이야기이다.

세계 축구의 수준과 한국 축구의 현실 속의 괴리를 명확하게 인식하고 있었기 때문에 그 괴리를 뛰어 넘게 하기 위한 전략과 전술, 그리고 이를 위한 훈련이 가능했다고 보는 것이다. 경제적인 현실도 마찬가지이다. 우리의 현실을 직시하는 것이 매우 중요하다. 세계경제 속에 한국경세가 존재하는 것이지 절대로 한국경제 혼자서는 존재할 수 없는 것이 현실이라면 우리는 늘 세계 속의 한국을 쳐다보는 혜안이 필요한 것이다.

이렇게 세계 속의 한국을 쳐다보는 안목을 '대관소찰' 즉 세계를 크게 관찰하고 한국을 자세히 들여다보는 자세라고 할 수 있다. 우리 모두가 이러한 대관소찰의 안목 키워야만 글로벌 경쟁력을 보다 빨리 제고시킬 수 있을 것이며 이것을 영어로 표현한다면 '세계 속의 우리를 쳐다보는 안목' 다시 말해 글로벌 마인드라고 할 수 있다.

따라서 필자는 부자가 되고 싶은 사람은 우선 경제신문을 구독하기를 권한다. 매일 매일 돌아가는 세계경제와 한국경제의 흐름을 감지하기 위해서이다. 향후 경제의 향방을 감지하게 되면 돈의 흐름을 느끼게 되고, 돈의 흐름을 느끼게 되면 투자할 방향을 분명하게 전할 수 있기 때문이다.

두 번째는 기회가 되면 경제방송을 하나정도 꾸준하게 들을 것을 권한다. 돈 들이지 않고 경제의 흐름을 탈 수 있는 아주 좋은 수단이기 때문이다.

세 번째는 자신의 목표를 분명히 하고, 달성전략을 세우라는 것이다. 자신이 목표로 하고 있는 부자의 개념을 숫자로 명확하게 표시하고, 달성하려는 의지가 포함되어 있는 전략을 분명히 하는 것이 필요하다. 마지막으로는 돈을 아껴 쓰길 권한다. 부자의 첫 걸음은 근검, 절약하는데서 비롯되기 때문이다. 부자가 되기 위해서는 종자돈이 필요한데 이 종자돈은 씀씀이를 줄이는 노력에 의해서 가능한 것이다.

'시작이 반이다' 라는 말이 있다. 부자가 되고 싶다면 오늘 당장 부자가 되기 위한 행동으로 옮겨 보라고 권하고 싶다. 들어 누워서 '부자가 되었으면 좋겠다' 라고 수백 번 외쳐보아야 공염불이 되기 때문이다.

경제 15 / 한국은 진정 샌드위치 신세인가?

'서울이 몽유병에 걸렸다(Seoul sleepwalk)'는 제목으로 세계의 유수한 경제지인 영국의 파이낸셜타임스가 한국 경제 특집기사를 실었다. 세계의 거울에 비친 한국 경제의 모습이 잠자다 불쑥 일어나 사방을 배회하는 정신 나간 몽유병자 같다는 것이다.

이러한 극단적인 표현은 우리의 마음에 거슬리기는 하지만 우리의 경제현실을 좀 더 냉철하게 보아야만 하는 분명한 이유가 된다.

이 경제신문의 기사에서 주장한 것이 따르면 수출 챔피언이었던 한국이 길을 잃을 위험에 빠진 이유는 현대자동차 베이징 공장과 울산 공장을 비교해 보면 누구나 알 수 있다. 베이징 공장 중국 근로자들은 시간당 68대를 만들며 기본급으로 360달러(34만원)를 받는데 비해서 울산 공장에선 시간당 55대를 만들면서 평균 월급은 4580달러(430만원)이다. 한국 근로자는 중국 근로자보다 임금을 10배나 많이 받으면서 생산성은 더 낮다는 것이다. 경제 원리대로라면 현대자동차는 울산 공장을 폐쇄하고 베이징 공장을 증설하는 게 옳다. 그러지 않으면 현대자동차 전체가 세계시장에서 베이징의 도요타 공장이나 상하이의 메르세데스 벤츠 공장 제품에 밀려나게 되기 때문이다.

한국 경제는 경제적 활력 자체를 잃어버렸다는 것이 정설이다. 민간기업 투자는 1996년 국내총생산(GDP) 대비 40%에서 1998년 30%, 작년엔 28%로 떨어졌다. 기업 투자 축소는 기업이 내일의 양식을 준비할 생각을 잃어버렸다는 뜻이다.

파이낸셜타임스의 이런 기사는 새로울 게 없다. 산업 현장에선 이미 오래 전부터 상식으로 굳어진 사실들이다. 충격적인 것은 한국 경제의 속병이 잠자다 벌떡 일어나 정신없이 사방을 헤매고 다니는 몽유병으로 이미 전 세계에 알려질 만큼 알려졌다는 사실이다. 그런데도 정치권에서는 대선에만 몰두하고 있고 정부에서는 그다지 심각하게 받아드리지 않고 있는 것이 문제인 것이다.

중국의 반도체 기술은 이미 우리를 3~4년 차이까지 쫓아왔다는 것이 전문가들의 전망이다. 많은 글로벌 반도체 관련 기업들이 중국으로 옮기고 있다. 한국의 3분의 1 임금 수준에 고급 엔지니어를 쓸 수 있기 때문이다.

지난 10년간 한국 경제의 성장동력 역할을 해준 IT산업. 그 두뇌에 해당되는 연구·개발 근거지가 중국으로 옮겨가는 것은 역동성을 상실한 우리 경제의 현주소를 상징적으로 보여주고 있는 것이다.

한국 경제의 자존심이었던 조선도 2007년 1~2월 선박 수주량이 중국에 추월당했다. 다른 분야는 말할 것도 없다. 2006년 말 대한무역투자진흥공사(KOTRA)가 중국에 진출한 465개 한국 업체를 대상으로 조사한 결과, "한국과 중국의 기술이 동등하거나 오히려 중국이 앞섰다"는 대답이 무려 30% 가까이 나왔다. 삼성경제연구소에 따르면 이미 MP3플레이어와 모직산업의 경쟁력이 중국에 밀렸고, 2010년에는 디지털TV와 이동통신 장비, 철강도 중국에 뒤질 것으로 전망됐다.

외환위기를 겪은 지 10년. 그동안 한국은 구조조정과 개방의 격랑을 헤쳐왔지만, 이제 다시 경제를 근본적으로 개혁하지 않으면 안 된다는 경고의 목소리가 높아지고 있다.

그래서 이건희 삼성그룹 회장을 비롯한 재계 인사들이 잇달아 위기론을 제기하고 있는 것이다. 무엇보다 경제의 역동성이 사라졌기 때문이다. 중국은 최근 4년 연속 10% 이상의 고성장을 거듭하는 가운데, 한국은 지난 4년간 잠재성장률(물가를 자극하지 않고 달성 가능한 경제성장률)에도 못 미치는 연 평균 4.2% 성장에 머물렀다.

기업가들이 투자의욕을 잃은 탓에 투자 부진도 심각하다. 96년 GDP(국내총생산)의 15.6%에 이르던 기업 설비투자가 작년엔 11.1%로 떨어졌다.

일본은 앞서가고 중국의 추격은 가속화되고 있으니 그 중간에 있는 한국은 샌드위치 신세인 것이 분명하다. 하지만 우리의 입장을 과거 2-30년 일본의 상황과 비교해 보면 나름대로의 해답을 찾을 수 가 있다고 본다. 그 당시 한국의 추격이 맹렬했을 때 일본이 듣던 이야기이기 때문이다. 일본은 미국과 한국 사이에서 분명한 샌드위치였던 것이다.

그러나 그들은 우리보다 한발자국씩 먼저 달아나는 지혜와 경쟁력제고라는 힘으로 지금까지 생존해 왔으며 세계 2위를 고수하고 있다.

우리도 정신을 바짝 차리고 미래를 향하여 정부, 기업 그리고 국민의 힘을 합치면 충분히 중국보다 한발 앞서가는 지혜와 힘을 발휘할 수 있으리라 생각한다. 이때 가장 중요한 것이 리더십이고 국민들의 단합된 힘일 것이다.

경제 16 / 중국과 인도의 부상으로 세계의 돈이 친디아로 모인다

세계의 돈은 경제가 부상하는 곳으로 자연스럽게 흐르게 된다. 요즈음 세계의 돈이 친디아(중국과 인도) 때문에 아시아로 모인다는 것이 정설이다.

China(중국)과 India(인도)를 합쳐서 신조어로 친디아(Chindia)라고 한다. 이 세상에서 가장 큰 두 개의 국가가 오랫동안의 잠에서 깨어나 큰 걸음을 내딛고 있는 모습을 보면서 세계인들이 붙인 별명인 것이다.

세계 1~2위 인구 대국인 동시에 브릭스(BRIC's/브라질, 러시아, 인도, 중국 등 신흥 4개국)의 대표 주자인 친디아는 세계 인구의 3분의 1을 차지한다. 정확하게 중국의 인구가 공식적으로 13억인데다 인도의 인구가 10억 2천만명 정도이니 합하게 되면 23억2천만 명이 되어 전 세계 인구 3분의 1에 가까운 숫자이다.

면적은 중국이 959만 7000 평방km 이어서 한반도의 약44배 정도인 반면에 인도는 328만 7263 평방km 로서 한반도의 약15배 정도에 이르는 거대한 크기이다. 2015년도 예상인구는 중국이 인구 억제책이 지속되면서 13억8950만 명에 달할 것이지만 인도는 12억3160만 명에 이를 것으로 보여 두 국가의 인구는 26억3000만 명에 달해 전 세계의 큰 시장으로 더욱 강하게 자리 잡을 것으로 보인다.

중국의 강점은 56개 민족에 60개 언어가 있는 곳이지만 1948년 이후 59년 동안 중국공산당이라는 강력한 지도체제에 의해서 일사분란하게 움직이는 국가라는 장점과 전 세계에 나가 있는 화교들의 힘, 그리고 다양한 지하자원이 커다란 힘이 되고 있는 곳이며 인도는 중국보다는 다민족 국가이면서 지도체제가 불안하고 인구 밀도가 중국보다 훨씬 높다는 단점이 있는 반면에 영어를 사용한다는 강점이 있다.

이러한 거대한 시장이 중국은 연평균 9% 이상의 경제성장률을 이루고 있으며 인도도 8% 이상의 고도성장을 하고 있어 엄청난 시장으로 부상할 것으로 예상이 되는 곳이기 때문에 일본과 홍콩, 싱가포르, 대만 그리고 한국에 이어서 경제의 중심지로 아시아가 더욱 강하게 사리잡아 가고 있어서 세계의 돈이 자연스럽게 아시아로 흐르고 있는 것이다.

최근 미국의 경제전문지 포브스(Forbes)가 발표한 재산 10억 달러 이상 세계적 부호들의 리스트를 놓고 미국 블룸버그(금융 전문 통신사)가 흥미 있는 분석을 내놓았다. 부자들이 살고 있는 지역 분포를 잘 살펴보면 세계를 움직이는 '큰돈'의 흐름을 직관적으로 파악할 수 있다.

블룸버그의 칼럼니스트인 윌리엄 페섹은 "포브스 순위에서 아시아 지역 부호들의 진출이 눈에 띈다"며 "세계 자본의 흐름이 아시아로 향하고 있다"고 분석했다. 최근 중국 증시 폭락으로 아시아 지역 이머징마켓(Emerging market · 신흥시장)에 대한 불안감이 높아지고 있지만, 대세는 역시 아시아에 있다는 얘기이다.

포브스에 따르면 아시아의 10억 달러 이상 부자는 149명으로 세계 전체(946명)의 16%를 차지했는데 이는 2006년의 14.5%보다 1.5% 포인트 늘어난 것이다. 특히 과거에는 일본이 아시아를 지배했지만, 이제는 인도와 중국이 중앙 무대로 들어서고 있다는 것이 전문가들의 관측이다.

인도는 미탈 철강그룹 총수 라크슈미 미탈을 포함해 총 36명이 포브스 부자로 등극, 2006년 아시아 5위에서 2007년에는 1위로 도약했다. 인도는 또 포브스 부자 순위 20위권 이내에 든 부자가 3명으로 미국(5명)에 이어 2위를 차지했다.

반면 20여 년간 아시아 1위 자리를 지켜왔던 일본(24명)은 2007년 처음으로 인도에 밀려 2위로 내려앉았다. 3위는 청쿵그룹 회장 리카싱(李嘉誠) 등 21명이 이름을 올린 홍콩. 이어 중국(20명), 호주(12명)의 순이었다. 한국은 말레이시아와 대만에 이어 아시아 8위에 그쳤다. 인도와 중국의 10억 달러 이상 부호의 수는 지난 1년 새 두 배 가까이로 증가했는데 중국의 경우 정확한 재산을 공개하지 않는 재산가들의 수까지 합치면 이보다 훨씬 많은 것으로 추정되고 있다.

중국과 인도 중에는 어느 쪽이 한 수위일까. 블룸버그는 인도의 손을 들어줬다. 부자의 수가 많은 것은 물론이고, 주식·채권시장이 성숙돼 있고 시장 경제의 역사도 깊다는 것.

인도는 영국의 영향을 받아 일찍부터 자본 축적이 시작됐고, 1875년 탄생한 뭄바이 증권거래소는 도쿄보다도 3년 일찍 아시아 최초로 개장했다. 중국이 1978년 덩샤오핑(등소평) 이후 기껏해야 30여 년의 자본주의 역사를 갖추고 있는 것에 비하면 그 역사와 뿌리가 훨씬 깊다고 블룸버그는 분석하고 있다.

세계 돈의 중심은 분명히 아시아로 이동하고 있는 것이다. 특히 중국과 인도의 부상은 세계 중심 축을 서양에서 동양으로 바꾸어 놓는 강력한 힘이 되고 있는 것이며 그만큼 사업을 해서 돈 벌 수 있는 기회가 아시아에서 더 많아진다는 이야기가 된다.

경제 17 / 2020년 한국경제에 대한 전망

우리나라가 고령화시대에 본격적으로 들어가면서 경제에 끼치는 영향에 대한 부정적인 의견이 다양하게 분출되고 있는 가운데 KDI(한국개발연구원)가 중요한 의미가 있는 보고서를 내 놓았다.

한국개발연구원(KDI)의 '고령화 파급 효과 및 정책과제' 보고서에 따르면 2005년 9.1%에 불과한 65세 노인인구 비중은 2020년 15.6%, 2050년에는 38.2%에 이를 전망이고 현재의 고령화, 저출산 추세가 이어지면 한국 경제의 잠재성장률이 현재 5%에서 2020년대는 2%대까지 떨어질 것이라는 것이다. 고령화와 함께 핵가족화도 확산돼 2020년에는 2인 이하 가구가 전체 가구의 절반에 육박할 전망이다.

그러나 2003년 약 300만 가구에 이른 60세 이상의 노인 가구 가운데 네집 중 한집은 총 소득이 최저생계비에도 못 미치는 절대빈곤 상태에 놓일 것으로 조사돼 대책 마련이 시급한 것으로 지적됐다.

또 현재의 출산율이 이어지고 노동생산성 증가율(연평균 1.5%)

마저 제자리걸음을 한다면 잠재성장률은 2020년대 2%대로 떨어질 것이라고 보고서는 전망했으며 2030년대에 1%대까지 떨어질 수 있다고 KDI는 경고했다.

노령화로 정부의 복지 지출은 대폭 늘어나게 된다. 현재 25조원인 건강보험의 진료비 지급액은 2020년엔 54조원으로 두 배가 넘어설 것으로 추산되며 국민연금이 지급해야 하는 연금총액도 현재 국내총생산(GDP)의 53.2%에서 2035년에는 GDP 규모를 넘어서게 되고 2070년에는 GDP의 1.7배에 이를 전망이다. 그만큼 미래 세대가 져야 할 사회보험 부담이 커진다는 것이다. KDI는 이에 따라 여성 인력 활용을 늘리고 노동생산성을 높여야 하며 현 세대가 받을 혜택은 줄이고 미래 세대의 부담은 줄이는 쪽으로 연금, 보험제도를 바꿔야 한다고 강조하고 있다.

이 보고서는 KDI와 노동연구원, 보건사회연구원, 조세연구원 등 국책기관과 외부 전문가들이 지난 3년간 공동 연구한 결과를 종합한 것으로 국민연금, 건강보험의 피탄이 불가피하고, 결국 경제 활력도 잃을지 모른다는 경고를 담고 있어 많은 사람들의 관심을 집중시키고 있는 것이다.

이는 물론 현재의 고령화, 저출산 흐름이 그대로 유지된다는 가정 아래 나온 결론이며 우리 사회가 대응하기에 따라 결론이 달라질 수 있다는 뜻이다. 그러려면 KDI의 경고부터 귀담아 들을 필요가 있다.

보고의 주요 내용을 간추려 보면 우선 1-2인 가구가 증가해 가구 수는 2020년까지 237만 가구가 오히려 늘 것으로 전망됐다. 특히 1인 가구는 122만 가구, 2인 가구는 140만 가구가 늘어 전체 가구의 47.3%에 달하게 된다. 특히 65세 이상인 노인가구의 비중은 2005년 14.4%에서 2020년 21%로 높아질 것으로 예상되고 있다. 따라서 소득 수준이 높은 중장년 가구에는 다양한 고품질의 주택을 공급하고, 노인 가구에는 의료, 복지 서비스와 결합된 노인 전용 임대주택을 공급하는 방안이 필요하다는 의견이 지배적이다. 노년층을 위한 역모기지론을 늘리고 주택 양도소득세 부분 감면 및 의료, 보건서비스와 결합한 임대주택 공급도 필요하다.

또한 보고서에 따르면 노령 인구는 빠른 속도로 늘고 있지만 절반 이상이 매달 자식들에게서 생활비를 포함해 경제적 도움을 받고 있는 것으로 나타났다. 노부모에게 매달 용돈을 주는 성인 자녀 가구의 비율은 2001년 50.7%, 2002년 56.1%, 2003년 58.5%, 2004년 65.5%, 2005년 62.4% 등으로 높아졌다. 이런 사적 소득 이전이 노인 가구 소득에서 차지하는 비중은 60대 초반 6%, 60대 후반 11%, 70대 초반 24%, 70대 후반 29%로 나이가 들수록 높아진다. 반면 미국의 경우 성인 자녀가 부모에게 경제적 지원을 하는 비율이 10가구 중 1~2가구에 불과했다.

노인이 정부로부터 받는 지원은 한국이 선진국보다 상대적으로 적은 것으로 분석됐다. 노년 층 소득 가운데 정부의 지원 몫은 한국의 경우 38.6%였지만 미국은 43.3%였다. 보고서는 "한국처럼 노년층이 정부 지원보다 사적 소득 이전에 의존하는 시스템에선 노령화로 젊은 층의 부담이 더욱 심각해질 수 있다"고 우려했다.

한편 저출산으로 자녀수는 줄지만 의료비와 교육비 지출 비중은 줄지 않을 것으로 전망됐다. 특히 경제성장률이 현재 5%에서 향후 15년간 4%로 낮아진다고 가정할 때 교육비 비중은 2.1%포인트(11.8 → 13.9%)로 높아지고, 교통비(1.6%포인트)도 상승할 것으로 추정이 되고 있다. 반면 일종의 '사치재'인 교육은 학생 감소라는 인구학적 요인보다 소득 증가에 따라 질 높은 교육 수요는 앞으로도 비중이 계속 늘 것으로 분석되고 있다.

이러한 보고서 내용을 종합 정리해보면 우리나라 미래 경제는 저성장, 고령화와 다세대화 등으로 지금과는 전혀 다른 경제구조가 되면 특히 저성장의 늪으로 빠질 가능성이 높다는 것이다.

중요한 것은 지금부터 대비하는 자세이다. 저성징으로 빠져들지 않게 하기 위해서는 정부가 앞장서서 대책을 마련해야만 한다. 노인 인구를 어떻게 산업에 투입토록 하느냐하는 것이 매우 중요한 일이다. 복지도 중요하지만 경험 있는 고령인구의 활용은 한국의 경쟁력 제고에 큰 보탬이 될 것이기 때문이다. 기업들이 마음놓고 투자하고 활동할 수 있도록 배려하는 것도 잊지 말아야 할 것이다.

이러한 경고성 보고서는 오히려 우리에게 반성하고 준비할 수 있는 계기를 주기 때문에 긍정적으로 활용할 필요가 있다고 본다. 우리는 위기에 잘 뭉치는 강점이 있는 민족이라는 것을 믿기 때문이다. .

경제 18 / 중국의 무서운 부상과 한국경제의 현주소

중국이 세계의 강자로 부상하고 있다는 사실은 이미 주지하는 바이지만 그 속도를 보면 다시 한 번 놀라지 않을 수 없다.

필리핀 세부에서 열린 아세안 10개국과 한·중·일 3개국의 정상회의는 중국의 독무대나 마찬가지였다. 세부 전체가 중국을 위한 듯한 모습이었다고 한다. 원자바오 중국 총리가 도착한 공항에서 호텔까지 그의 거대한 초상화가 걸린 거리 광경이 모든 것을 상징적으로 보여주고 있었던 것이다.

중국이 아시아의 맹주로 등장하고 있는 것을 느끼게 하는 것은 이러한 모습 뿐만이 아니다. 중국은 2006년에만 아세안에 7억5000만 달러의 차관을 제공했다. 특히 필리핀에는 앞으로 3년간 60억달러의 차관을 제공하기로 했다. 주최국 필리핀 대통령이 "이 지역에 중국이란 우리의 빅 브라더(Big Brother)를 갖고 있어 기쁘다"고 말한 것이 자연스러운 상황이다.

중국의 강력한 리더십의 발현은 아세안뿐이 아니다. 중국은 자국

내에서 중·아랍회의, 중·중앙아시아회의, 중·아프리카회의를 잇달아 열었다. 회의 때마다 각 지역의 정상들이 대거 참석했다. 중·아프리카회의 때는 52개 아프리카 국가 중에 48개국의 정상이 한꺼번에 베이징으로 몰려들었다. 세계 외교사 초유의 일이었다. 중국은 아프리카 무상 원조를 두 배 늘렸다. 중국이 아프리카 방방곡곡에서 벌이는 도로·철도·발전소 공사가 끝나면 중국의 아프리카에 대한 기여는 서방세계를 능가하게 된다. 당연히 중국의 아프리카에 대한 영향력도 서방을 압도하게 될 것이다. 지난 10여 년간 한 번도 빠짐없이 중국 외교부장관의 신년 첫 방문지는 아프리카였다.

서방 국가들이 크게 손대지 않는 지역을 선점하려는 노력의 일환인 것이다.

중국은 그보다 앞서 지구상에 남아 있는 또 하나의 미개발 자원 보고인 중앙아시아를 샅샅이 훑었다. 중국은 이제 중앙아시아와 아프리카를 돌아 성큼성큼 중남미로 다가가고 있다. 일본의 아성이었던 브라질에서조차 중국의 영향력이 급속히 확대되고 있는 것이다.

중국이 관심을 두고 있는 위의 지역들은 모두가 석유·가스 등 천연 자원을 가진 지역이다. 중국은 그 지역들을 경제 성장의 원료 공급기지로 품으면서 국제사회에서의 발언권 강화라는 부수 효과까지 거두고 있다. 미래를 내다보는 이 국가적 디자인에 실리는 있지만 허세는 없다는 것이 중론이다. 중국은 2008년 베이징 올림픽을 발판 삼아 미국과의 양극 체제를 향해 한 걸음 더 다가설 태세인 것이다.

10년 전만 해도 상상도 못하던 변화다. 이를 가능케 한 것은 두말할 것도 없이 경제력이다. 중국 경제는 10년 만에 GDP 세계 7위에서 4위(금액은 4배)로 올라섰다. 현재 수출액 세계 3위이고, 외환보유고는 매년 2000억 달러씩 늘어 1조 달러를 돌파했다. 어느 나라도 못 가본 기록이다. 연구개발 투자조차 일본을 제치고 세계 2위가 됐다. 매년 10% 성장이라는 고공 질주를 계속할 경우 21세기는 중국의 세기가 될 것이란 토인비의 예언이 현실이 될 날도 멀지 않았다. 미국의 시사주간지 'TIME'도 며칠 전 21세기는 중국의 세기가 되리라고 내다 본 특집을 실었다.

이 극적인 변화의 원천은 결국 국가의 리더십이었다. 덩샤오핑으로부터 출발해서 지난 10년간 장쩌민을 거쳐 후진타오로 이어진 리더십은 '나라의 발전'과 '세계의 중국'이라는 목표를 13억 중국인들의 마음에 가슴 벅찬 희망으로 확고하게 심었다. 그렇게 만들어진 전 국민적 활력의 결과가 오늘의 중국이다.

중요한 것은 중국이 약진을 거듭한 지난 10년은 우리에게는 잃어버린 10년이었다는 것이다. 중국과 2배 차이이던 경제규모는 5배 가까이로 벌어졌다. 나라와 국민이 우울증과 무기력증에 허덕이고 선진국의 문턱도 밟아보지 못한 채 잠재성장률의 하락이란 경제 왜소증에 걸렸다. 지난번 중국을 찾은 48개 아프리카 정상 중 5명이 돌아가는 길에 한국에 들러 미니 포럼에 참석했다. 이게 대한민국의 실상이다. 중국의 전 국가지도자 덩샤오핑이 '한국을 배우라'라고 한 말이 바로 엊그제 같은데 두 나라의 현실은 그늘과 양지로 갈리고 말았다.

일본은 중국의 부상에 자극 받아 나라 전체가 재도약과 변신을 위해 몸부림치고 있다. 한반도의 바로 옆에서 이런 역사적 변화가 빠르게 이루어지고 있는데도 정치권은 국민 편가르기 정략에 열중하고 있는 게 오늘의 대한민국 현실이다.

그래서 한국이 과연 세계 10대 경제강국에 진입할 수 있을 것이냐는 의구심이 국민들 사이에서 나오고 있는 것이다.

다른 사람이나 국가가 잘 하는 것을 배워서 우리에게 적용하는 것을 '벤치마킹'이라고 한다. 중국의 덩샤오핑이 한국을 '벤치마킹' 하라고 이야기하던 것은 이미 흘러간 과거가 되었다. 이제부터는 우리가 오히려 중국의 리더십을 '벤치마킹'하여 한국경제를 도약시키는 일만이 남은 것이다. 세상은 이렇게 빠르게 변화하고 있는 것이다.

과제 19 / 한국은 과연 세계 10대 경제대국으로 갈 것인가?

10년 전 외환위기 이후의 '잃어버린 10년', 그 상실과 갈등의 악몽에서 깨어날 기미가 보이지 않는다. 외환위기 전까지만 해도 연평균 8%에 이르던 경제성장률은 위기를 극복했다는데도 아직 5% 아래서 헤매고 있다.

무엇보다도 투자부진이 가장 큰 문제이다. 외환위기 이후 1999년까지 연평균 12%에 육박하던 투자는 2000년 이후 3%에도 미치지 못하는 수준으로 주저앉았다. 외환위기에 의해 강요된 구조개혁의 거센 바람 앞에 기업 경영이 안정 위주로 변해서이다.

기업이 외환위기의 주범으로 인식되는 반기업 정서는 기업가 정신을 잠재워 버리고 말았다. 소비 위축도 성장세 감소에 한몫 했다. 외환위기를 겪은 뒤 수많은 가계가 일자리, 노후, 교육 등 온갖 민생 불안에 휩싸인 채 남아 있다. 무리한 경기 부양 때문에 떠안게 된 카드 부채, 시장과 어긋난 부동산 정책 때문에 지게 된 주택대출 부채까지, 소비심리는 움츠릴 대로 움츠렸다.

과거 세계가 부러워하던 역동적인 한국 경제가 10년 사이에, 저성장의 늪에서 헤매 온 결과 경제협력개발기구(OECD) 선진국들조차 걱정하는 경제로 전락해 버린 것이다. BRICs(브라질, 러시아, 인도, 중국)의 활력과는 비교할 수도 없는 입장이 돼 버렸다. 10년간 지속된 저성장은 한국의 경제, 사회를 두 개로 갈라놓았다. 세계시장에서 경쟁하는 수출은 승승장구하는데 좁은 시장에만 의존하는 내수 부문은 지지부진하다. 대기업은 날로 글로벌 경쟁력을 강화하고 있는데 인력, 기술, 자금 그 모든 것이 부족한 중소기업은 갈수록 뒤처지고 있다. 부유층과 빈곤층 간의 간격은 해를 거듭할수록 벌어지고 있다.

경제, 사회의 총체적 2중 구조 심화는 더 나은 내일을 향한 사회적 일체감, 수십 년 공유해 온 선진국을 향한 비전마저 무너뜨렸다. 경제의 활력 상실과 그에 따른 사회 갈등은 세계 속의 한국의 입지를 크게 떨어뜨렸다. 세계 11위였던 우리나라의 경제 규모(국내총생산 기준)는 외환위기로 15위까지 추락했다가 2005년에야 겨우 지금의 12위 자리로 돌아왔다.

오늘 한국 경제가 정체에서 벗어나지 못하고 있는 바탕에는 경제 주체와 부문 간 상호작용을 촉진하는 연계, 바로 시스템 경쟁력의 취약성이 자리 잡고 있다. 장기간의 저성장이 부채질하는 마찰과 갈등 속에 경제, 사회 주체 상호 간에 신뢰 기반(사회적 자본)이 무너져 내린 것이다. 기업은 일관성 없고 반시장적이라고 정부 정책을 불신하고, 근로자는 '노동시장을 과도하게 유연화 시켰다'며 정부를 성토하고 있다. 시장의 자율 기능을 믿지 못하는 정부는 기업을 규제의 대상으로 보고 있고, 근로자는 노조를 파트너로 인정하지 않는 사측을 경원시하고 있다. 서로가 서로를 믿지 못하고 서로의 발목을 잡고 있는 이런 시스템으로 지금의 수준까지 올 수 있었는지는 모르나 앞으로 더 나아가기 힘들다는 얘기다.

게다가 향후 10년 한국은 중대한 세 가지 도전을 맞게 될 것이다. 중국 경제의 부상으로 한국의 입지가 갈수록 취약해지고, 너무 급한 고령화로 경제활동 인구가 줄어들고 성장세가 둔화되며, 언젠가 현실로 다가올 통일이 엄청난 부담을 안겨 주는 것이 그 도전들이다.

오늘의 선택이 내일의 삶을 결정짓는 법이다. 경제의 총체적 시스템에 관한 지금의 선택이 내일부터 도태, 정체, 재도약 중 어느 길을 걷게 되느냐를 결정짓는다.

오늘의 흐트러진 시스템, 소위 'IMF 체제'에 머물러 활력(연평균 성장률 4.1%)과 생산성이 게걸음을 하게 되면 10년이 흐른 뒤에도 경제 규모로는 세계 12위, 1인당 국민총생산(GDP. 2만9000달러)으로는 세계 31위의 자리에 남아 있게 될 것이다

만의 하나 각 부문의 경쟁력에 진전이 없고 부문 간, 계층 간 갈등이 더욱 심해지면 경제활력(연평균 성장률 2.6%)이 더욱 떨어져 경제 규모로는 세계 15위, 1인당 GDP(2만3000달러)로는 세계 45위로

추락하게 될 것이다.

　다행히 우리가 상실과 갈등의 악몽에서 깨어나 시장경제를 활성화하고 부문들이 혁신에 매진하면서 시스템 경쟁력을 강화한다면, 그래서 경제 주체들이 신뢰를 밑천으로 상호작용에 조화를 이루게 되면 얘기는 크게 달라진다. 경제가 역동성(연평균 성장률 6.3%)을 되찾아 10년 뒤 한국은 세계 10대 강국의 자리를 차지하게 될 것이다. 1인당 GDP도 2013년이면 3만 달러 장벽을 돌파하고 2015년에는 3만7000 달러에 이르러 세계 26위의 삶의 질을 누리게 될 것이다.

　어디로 가느냐는 완전한 우리의 선택에 달려있다고 할 수 있다.

　필자의 생각으로는 긍정적인 시나리오가 펼쳐져서 10대 경제강국에 들어가리라고 생각한다. 한국 국민의 저력을 믿기 때문이다. 우리를 둘러싸고 있는 상황도 긍정적이기 때문이다.

　중요한 것은 이러한 기회를 정치권이 놓치지 않도록 국가를 잘 이끌어 나가는 것이다. 기업이나 국민은 이미 다시 도약할 저력과 준비가 되어 있기 때문이다.

경제 20 / 분배 우선 정책의 덫에 걸린 우리경제

성장이냐 분배냐 하는 문제는 인류 역사가 시작된 이래 줄기차게 논의되고 있는 중요한 이슈이다. 그래서 새로운 정부가 출범하면 각자의 색깔을 분명히 드러내고 정책을 채택하게 된다.

참여정부도 출범하면서 성장보다는 분배 쪽에 더 비중을 두겠다는 정책을 분명하게 천명하고 시행해 왔으나 결과를 놓고 보면 분배를 강조하다 경제성장의 발목을 잡은 꼴이 되고 말았다.

성장이 먼저냐 분배가 우선이냐 하는 문제는 균형 감각을 가지고 보아야만 하는 아주 중요한 사안이라고 할 수 있다.

분배이전에 분배할 경제적 산물이 없다면 분배를 할 것도 없다는 이야기라는 것은 누구나 안다. 그동안 우리경제가 많은 성장을 해 오면서 제법 쌓인 부의 축적을 보고 많은 사람들이 그 쌓인 부를 이제는 지혜롭게 나누자고 하는 것이 분배를 주장하는 배경이며, 아직은 성장을 더해야만 우리 경제가 안전하게 항해 할 수 있게 되고 그때 가서야 분배를 더 효율적으로 할 수 있을 것이라고 주장하는 것이 성장우선주의 사고이다.

　　과연 우리경제는 지금 어느 것이 더 신경을 써야만 할 것인가?

　　이렇게 나라의 문제가 늘 다른 시각에서 많은 이해당사자간에 얽혀 있을 때에는 가정의 일로 생각해 보면 의외로 쉽게 정리 될 수가 있다고 볼 수 있다. 가족 모두가 합심해서 일구고 있는 가업이 제법 일어나자 가족들이 이제 번 돈을 더 많이 나누어 가지려고 할 때 부모나 가족들은 어떤 것이 가족들에게 더 많은 이익이 될 것인지를 계산해 보면 될 것이다.

　　지금까지 번 돈을 나누어 가지는 것이 나을 것인가 조금 더 허리띠를 졸라매고 부를 크게 해서 보다 큰 부의 분배를 가족들에게 할 것인가의 문제라고 할 수 있다.

　　이럴 때는 가족들이 모여 앉아 부모님을 중심으로 해서 허심탄회한 대화가 가족 상호간에 이루어질 때 의견을 조율하고 합의점을 찾게 될 것이다.

　　국가도 마찬가지이다. 대통령을 중심으로 가족들이 대화를 나누는 분위기 하에서 어떤 정책을 선택하는 것이 우리 경제를 위해서 더 나은 것인가를 연구, 검토하여야 할 것이다. 이때 주의할 것은 역시 많은 사람들의 의견을 청취하고 옆집의 사례를 분석하여 당장의 안위를 위해서가 아니라 한국의 미래를 위하여 더 나은 방법을 찾는 것이 필요하다는 것이다.

집안에서도 부를 분배하려면 의견이 다를 수 있고 다툼이 나는 법인데 나라의 경우는 더욱 복잡한 것이 당연하다. 중요한 것은 우리나라의 경제 상황을 정확하게 인식하고 미래를 위한 판단은 내리는 것이라고 할 수 있다.

경제정책은 때로 역설적인 결과를 가져온다. 물가를 안정시키려는 정책이 오히려 공급 부족과 가격 폭등을 불러오고, 최저임금을 올리는 분배정책이 오히려 일자리를 줄여 실업자를 양산하기도 한다. 해고를 어렵게 하여 근로자를 보호하면 아예 고용을 늘리지 않는 사태도 발생한다. 아무리 좋은 목표를 가진 정책이라도 엉뚱한 결과를 가져올 수 있는 것이 바로 경제현상이다.

우리 경제도 지금 심각한 코드 정책의 함정에 빠져 있다. 국민의 정부에서부터 시작된 분배 정책의 역설적 결과가 바로 그것이다. 왜곡된 성장보다는 분배와 균형발전을 추구하며, 중산층을 끌어 올려 선진 복지 사회로 가겠다는 정책이 얼마나 숭고하고 이상적인가. 그러나 과연 그 정책의 결과는 어떻게 되었는가. 분배와 형평의 이념이 독주했던 지난 수년간 양극화는 오히려 더욱 확대되었고, 나라 경제는 지금 침체의 위기로 치닫고 있다.

실제 우리 경제는 저성장의 늪에서 헤어나지 못하고 있다. 설비투자가 정체되어 한동안 높은 성장을 기대할 수조차 없게 되었다.

통계청 조사를 보면 스스로를 하류층으로 보는 가구가 45%를 넘었고, 지난 3년간에도 46만 가구나 증가하였다. 국민의 47%는 앞으로 신분상승의 가능성이 없다고 절망하고 있으니 분배정책이 오히려 양극화를 고착시킨 역설적 효과를 가져온 것이다.

집값 폭등에도 분배와 균형정책이 기여한 바 크다. 가진 자에 대한 세금 중과에 집착한 나머지 수요가 있는 곳에 공급을 늘려야 하는 시장원리를 외면했기 때문이다.

비정규직 보호법도 분배정책의 역설을 그대로 안고 있다. 임시직의 고용안정을 개선하려는 법안의 취지를 누가 힐난하겠는가. 그러나 결과는 오히려 소외계층에게 부메랑으로 돌아가게 될 것이다. 임시직은 2년마다 전직(轉職)이 악순환을 거듭히고, 정규직은 오히려 줄어들게 될 것이다. 결국 실업은 늘고 양극화는 심화되어 이것 역시 나라의 내일을 어둡게 하는 복병이 될 것이다.

어디 이것뿐인가. 글로벌 추세에 역행하는 대기업 정책, 평준화만 고집하는 교육정책, 경직성이 강화되는 노동시장 등 사회 곳곳에 침투된 분배와 형평의 코드가 한국의 미래를 갉아먹고 있다. 대기업은 역차별적인 규제로 투자의욕을 잃었고, 생산성 낮은 분배지출로 정부부채는 눈덩이처럼 늘어만 가고 있다. 나라에는 비전이 없고, 국민들은 경쟁력 없는 공교육을 버리고 이 땅을 떠나고 있다.

분배정책의 좋은 취지는 이해하나 그것을 시행하는 방법이나 시기가 문제가 된 것이다.

'성장 없는 분배는 없다'라는 주장이 설득력을 더 얻고 있는 상황이다.

매년에는 새로운 마음으로 전체적인 한국경제의 미래를 생각하면서 성장과 분배정책의 허와 실을 되짚어 보았으면 한다.

경제 21 / 한국경제는 일본경제를 따라잡을 수 있을까?

한국은 지난 50년 가까이 일본을 뒤따르고 있지만 일본 경제를 추월 할 수 있을 것인가 하는 문제는 사람들이 가지고 있는 의문이다.

중국의 등장과 인터넷 혁명시대의 도래 등으로 외부 상황이 우리나라에게 유리하게 돌아가는 요인들을 감안하면 2030년경에는 일본과 한판 승부를 겨룰 수 있지 않을까 하는 긍정적인 예측을 해 볼 수 있다고 필자는 생각한다. 그러나 한국경제의 전반적인 모양새를 보면 어려움이 많다는 조사결과가 나오고 있어서 걱정이다.

한국경제연구원의 보고서에 따르면 한국과 일본의 경제 격차가 메워지지 않고 있으며, 일본을 따라잡는 것이 불가능할 것이란 우려마저 나오고 있다고 밝히고 있다. 연구원은 '한국경제 일본을 따라잡을 수 없나?'는 보고서에서 "최근 일본경제는 52개월 이상 지속되는 사상최장의 경기회복 국면을 기록한 반면, 한국경제는 외환위기 이후 새로운 활력을 얻지 못해 격차가 앞으로 더욱 벌어질 것"이라고 지적했다.

보고서는 "한국의 성장세 둔화가 일본보다 빠르고 일본의 경기 회복이 향후에도 지속될 것으로 보여 일각에서는 한국이 일본을 따라잡는 것이 더 이상 불가능할 것이란 우려가 대두되고 있다"고 밝혔다.

한·일간 1인당 GDP(국내총생산) 격차는 1995년 3만330달러로 최고를 기록한 이후 작년 1만9047달러로 축소됐지만, 일본경제의 회복이 지속된다면 격차는 다시 확대될 전망이라고 보고서는 지적했다.

보고서는 한국의 한계가 '모방형 기술전략' 때문이라고 지적하고 있다. 맞는 이야기이다. 흉내 전략으로 성장하다 보니 기술력을 기르는 데 소홀했다는 것이다. 1981년부터 2004년까지 한국의 기술무역수지 적자는 315억달러에 달하지만 일본은 같은 기간동안 515억달러의 흑자였다.

기술을 못 길렀기 때문에 핵심 부품과 소재를 일본에서 수입해서 물건을 만들기 때문에 한국의 수출이 늘어날수록 대일 무역적자도 커지는 역설이 계속되고 있는 것이다.

게다가 생산성 격차가 확대되고 있는 것도 문제이다. 한국과 일본의 노동생산성 격차는 95년 시간당 29.3달러였으나, 2000년에는 29.5달러가 됐고, 2005년엔 29.9달러다. 이런 상황을 뒤집을 전략을 짜야 하는 정부의 경쟁력 역시 일본이 상승세다. 스위스 국제경영개발원(IMD)이 발표하는 국가경쟁력 순위 중 정부 효율성은 한국이 하락(2002년 26위, 2006년 47위)한 반면, 일본은 개선(28위 → 15위)

추세다.

여기에다가 갈수록 떨어지는 경제 기초체력인 잠재성장률이 문제가 된다.

차기정권 최대 과제는 성장동력 회복이다. 급속한 고령화 때문에 불과 5년 뒤부터 10년간 우리나라의 잠재성장률이 4%대 초반으로 하락할 것으로 전망되고 있기 때문이다.

특히 차기 정권이 집권 중 성장동력을 회복시키지 못하면 한국의 경제성장률은 2021년부터 2%대 후반으로 추락할 것으로 예상됐다. 다음 정부의 경제 성적표에 따라 우리 경제의 미래가 명암을 달리할 수 있다는 의미다.

최근 경기부진과 성장동력 저하는 모두 잠재성장률의 하락과 무관치 않다. 잠재성장률은 1982~90년 8.6%에 달했으나 이후 91~2000년 6.3%로 하락한 뒤 2001~2005년 중 4.4%로 하락했다.

잠재성장률이 급속도로 떨어지면서 실제 성장률은 이보다 더욱 위축되고 있다. 예를 들면 2001~2005년의 잠재성장률은 4.4%로 추정되지만 노무현 정부 들어 2003~2005년 3년간 실제 성장률은 3.9%에 그쳤다. 분배 중심의 경제정책이 지속되면서 기업성장 동력이 크게 약화되고 일자리 창출이 어려워지는 등 경제가 오그라들고 있기 때문이다.

성장 능력을 나타내는 잠재성장률의 저하는 인구 고령화에 따라 더욱 가속화할 전망이다. 특히 65세 이상 노인이 전체 인구의 20%를 넘어설 것으로 전망되는 2021~2030년에는 잠재성장률이 2.8%로 내려갈 것으로 추정되고 있다. 이는 과거에는 자본과 생산성이 성장에 큰 영향을 미쳤지만 앞으로는 취업자 수 부족과 근로시간 감소 등 일손 부족이 문제라는 뜻이다.

기업들이 한치 앞을 내다볼 수 없게 만드는 경제 상황의 불확실성도 성장 동력 약화에 영향을 미치고 있다. 한국개발연구원(KDI)은 7066개 기업을 대상으로 조사한 '기업 수익성의 변동성 증가와 설비투자' 보고서를 통해 이를 실증적으로 분석했다. 기업의 총자산영업이익률(ROA)의 추이를 조사한 결과 변동성이 클수록 설비투자가 위축됐다는 것이다. 특히 2005년에는 약 1.1%의 설비투자 감소 효과가 있는 것으로 추산하고 있다.

기업투자 활성화를 위해선 규제완화 못지 않게 기업이 느끼는 불확실성을 없애는 일이 중요하다는 의미다. 정책의 일관성과 예측 가능성이 기업의 투자에 영향을 미치는 만큼 불확실성부터 없애야 한다는 것이 일반적인 주장이며 설득력이 있어 보인다.

앞으로 한국이 일본을 따라 잡기 위해서는 정부는 기업이 마음놓고 투자하고 신나게 일할 수 있는 경영환경을 조성해 주는 것이 필요하다. 기업은 생산성 증대를 위해서 연구, 개발에 대한 투자와 함께 인적자원의 경쟁력제고를 위해 더 많은 투자를 해야 할 것이다. 반면에 국민들 모두는 겸손한 마음으로 한번 더 국가의 운을 최대한 받아 드릴 수 있도록 열심히 일했으면 한다.

한국의 국운은 분명히 좋다. 중국의 등장이 한국 경제를 밀고 있으며 인터넷 혁명이 우리의 효율성을 제고 시켜주고 있다. 앨빈 토플러의 주장처럼 21세기는 아시아의 시대이다. 아시아 시대의 주인공을 떠오르면서 일본을 한번 멋지게 따라 잡을 수 있도록 노력해 보았으면 한다. 우리가 일본을 따라 잡을 수 있는 마지막 기회일 지도 모르기 때문이다.

경제 22 / 전 세계가 관심을 갖고 뛰어드는 금융 허브

요즘 '금융 허브'란 말을 많이 듣게 된다. '허브(Hub)'란 단어는 본래 자전거에서 바퀴 살이 뻗어 있는 원 모양의 중심부를 가리키는 말로서 금융 허브는 '금융의 중심지'라고 해석할 수 있다. 세계 각지의 회사와 투자자들이 모여 주식과 채권을 거래하고, 돈을 중개하는 시장을 말하는데 세계 주식·채권 사고 파는 중심지로서 큰 돈 벌고 일자리가 많이 생기는 효과가 있다

얼마 전 런던이 대규모 금융개혁(빅뱅)을 단행한 지 20년을 맞아 명실상부한 금융 허브로 자리 매김 했다는 뉴스가 있었다. 한국 정부노 '동북아시아의 금융 허브가 되겠다'는 포부를 밝힌 터어서 영국의 성공 비결에 많은 관심이 쏠리고 있다.

사실 금융 허브를 꿈꾸는 나라는 한두 개가 아니다. 뉴욕과 런던, 시카고는 물론이고, 상하이, 싱가포르, 홍콩, 시드니, 두바이, 바레인, 아부다비 등도 지역 금융 허브를 하겠다고 나서고 있다. 최근 말레이시아는 오일 머니 증가에 따라 늘고 있는 이슬람채권(수쿠크) 발행을

중개하며 중동과 아시아를 잇는 금융 허브를 자처하고 있다.

모두들 금융 허브에 달려드는 이유는 기존 제조업 위주의 성장에 한계를 느끼고 있는 나라들이 서비스업, 그 중에서도 핵심인 금융 산업을 차세대 핵심 산업으로 육성하기 위한 것이다.

금융은 제조업에 비해 이익률이 높고 고용 창출 효과가 매우 크며 공해를 유발하지 않는 것도 큰 장점이다. 우리나라의 경우 금융 등 서비스업이 국내총생산(GDP)에서 차지하는 비중이 53%(2001년 기준)로 홍콩(86%), 미국(73%), 일본(67%)에 크게 뒤지고 있다.

물건을 만들어 팔고 사는 실물경제와 달리 금융은 선진화된 금융 제도와 관행, 전문 인력이 필요하기 때문에 특정 지역에서 집중적으로 이루어지는 허브화 경향을 보이고 있는 것이다.

가장 큰 금융 허브는 월스트리트와 런던시티로 상징되는 뉴욕과 런던이다. 이곳에서는 거의 모든 종류의 금융 서비스 기능을 수행하는 종합적인 금융센터가 있다. 런던은 미국에 비해 상대적으로 정부 규제가 가볍고, 중동. 러시아와 가깝다는 지리적 이점 때문에 최근 10년 간 급성장했으며 지금은 외환 거래와 국제 채권 발행, 해상 및 항공 보험, 역외 은행 대출에서 미국을 앞서고 있는 실정이다.

이보다 작은 규모로는 홍콩, 싱가포르, 두바이 등 특정 지역의 금융 허브가 있는데 유명 금융회사의 지역본부가 입주해 지역 내 금융 거래가 이뤄지는 중심지를 말한다.

특정 분야의 거래 중심지가 되는 특화 금융 허브도 있다. 프라이빗뱅킹(PB)에 강점이 있는 스위스 취리히, 자산운용 분야가 발달한 보스턴, 선물시장이 발달한 시카고 등이 이에 해당된다.

우리나라가 노리고 있는 것도 바로 이런 특화된 지역 금융 허브이다. 경제 대국으로 크고 있는 중국을 이웃에 둔 지리적 이점을 이용해 동북아 금융 허브를 만들겠다는 것이다. 현재 중국의 외환보유액은 1조 달러를 돌파하며 세계 1위를 달리고 있고, 전 세계 외환보유액의 60% 이상이 동북아 지역에 집중되고 있기 때문에 한국으로선 큰 기회인 것이다. 하지만 금융에 관한 한 한국의 위상은 매우 낮은 편이다.

다른 나라에 비해 경쟁력을 가진 분야가 거의 없고, 세계 유수의 금융회사들은 아시아 본부를 대부분 홍콩과 싱가포르에 두고 있다. 경쟁 국가에 비해 여전히 많은 금융 규제에다 경직된 노동시장, 영어 구사 능력 등은 우리의 큰 약점이다.

그래서 우리가 금융 허브가 되기 위해선 특화된 분야를 집중 육성해야 한다. 대표적인 것이 펀드처럼 개인과 기업의 돈을 맡아 주식과 채권 등에 굴려 불려주는 자산운용업이다. 우리나라에는 국민연금 등 각종 연기금의 돈이 풍부하고 외환보유액이 세계 5위에 달하는 등 잠재돼 있는 자산 운용 수요가 많고 여기에 채권 및 파생상품 시장, 사모펀드(PEF)산업 등의 분야 육성을 위해 정부도 노력하고 있기 때문이다.

우리나라를 동북아 금융 허브를 만들자는 것은 바로 금융에서도 삼성전자나 현대자동차 같은 세계적인 금융회사를 만들자는 것이다.

국내에서는 시장을 장악하고 있는 국민은행, 우리은행, 삼성증권 등도 모두 해외에선 이름도 잘 알려지지 않은 우물안 개구리에 불과하기 때문에 국내 기업이 외국에서 주식이나 채권을 발행하려 해도 지금까지는 골드먼삭스 등 외국의 큰 투자은행의 도움을 받아야만 했다.

이 때문에 국내에서도 인수합병(M&A) 등을 통해 한국의 대표 투자은행이 빨리 나와야 한다는 지적이 많은 것이다.

말로만 하는 '금융허브의 육성'이 아니라 명실공히 경쟁력이 있는 '금융허브'의 육성을 위하여 정부를 비롯하여 각계각층의 노력이 가일층 되어야만 할 것이다.

경제 23 / 부동산 시장도 수요와 공급에 의해 움직이는 것이다

경제는 수요와 공급에 의하여 움직여지는데 이것을 '수요와 공급의 법칙'이라고 한다. 이 세상에는 팔려고 하는 사람이 있는 반면에 사려고 하는 사람이 있게 되어 있다. 사려는 사람이 많고 팔려는 사람이 적으면 가격이 올라가게 되고 반면에 팔려는 사람이 많고 사려는 사람이 적으면 가격이 떨어지게 되는 것이다.

부동산 시장의 경우도 사려는 사람이 많이 몰리고 공급 가능한 주택의 수가 제한적일 때 집 값은 오르게 되어 있는 것이다.

우리나라에서 강남의 아파트 값이 가장 비싼 이유는 사람들이 강남을 신호하기 때문이다. 시내에 진입하기도 편리하고 새롭게 구성된 도시계획에 의해 만들어진 곳이기 때문에 차량 통행도 편리하게 되어 있으며 문화시설이 집중되어 있다. 게다가 대한민국에서 내 놓으라고 하는 학원들이 밀집되어 있는 곳이기 때문에 사람들이 선호하는 것이다. 수요와 공급이라는 측면에서 보면 당연히 공급은 제한되어 있는데 사려는 사람이 많으니 가격은 떨어질 줄 모르고 상승하고 있는 것이다. 이것이 바로 수요와 공급이다.

　어떤 상품이든지 간에 경제에는 수요와 공급의 법칙이 적용되게 마련이다. 따라서 우리는 경제적으로 어떤 상황에 있는가를 잘 파악하여 미래를 예측하는 노력을 하여야만 한다.

　우리나라의 아파트 가격은 거품이 끼어 있는 것일까? 이 문제에 대한 논란이 뜨겁다. 지난 2004년 8.31대책이후에 주춤하던 강남의 아파트 가격이 이미 그 이전의 수준을 넘어 버렸고 더 오르고 있는 상황이 되면서 근본적으로 강남 아파트가 또 한 번 사람들의 이목이 집중되고 있다. 11.15대책이 나온 이후에 잠시 가격의 상승세가 주춤하기는 하나 좀 더 지켜 볼 일이나.

　사실 강남 아파트 가격 재상승은 판교 신도시 분양 이후에 다시 시작되었다고 할 수 있다. 판교신도시 아파트 분양가격 상한제를 도입하는 등 애를 썼지만 시장 가격을 무시한 통제로는 가격을 안정시키기 어렵다는 것이 대부분의 전문가들의 의견이다. 부동산 시장도 결국에는 수요와 공급이라는 축에 의해서 움직이기 때문이다. 정부의 통제는 당분간 가격상승을 억제하는 효과는 있을지 몰라도 근본적인 치유책이 될 수는 없다.

　필자가 지속적으로 주장하는 것이지만 근본적인 치유책은 공급을 늘리는 것인데 지난해 이후 정부의 부동산 정책은 줄 곳 공급을 줄이는 정책들뿐이었다. 11.15대책은 공급을 늘리는 것에 신경을 쓰기는 했어도 강남에서의 공급은 그대로 묶어 놓은 것이 문제이다.

최근 한 조사기관에서 나온 자료에 따르면 뉴욕 맨하탄의 최고 아파트 가격이 평당 1억원이고 일본 도쿄의 최고가격은 6000만원인데 우리가 평당 5000만원에 달하는 곳이 있는데 소득 수준에 비해서 우리의 아파트 가격이 너무 높아서 가격에 너무 거품이 끼어 있다는 주장을 하고 있다. 일리가 있는 이야기이지만 필자의 생각으로는 아파트 가격을 비교하는 데는 한두 가지 변수를 더 염두에 두어야만 하는데 이것을 간과하는 경향이 있는 것 같아서 지적코자 한다.

첫째, 국토의 넓이라는 것이다. 미국의 땅 넓이는 대한한국의 96배에 달하고 일본도 3.7배에 달하는데 인구는 미국이 한국의 약 6배에 불과하고 일본은 약 2.7배에 달한다는 것을 감안해서 가격을 판단해야 할 것이다. 즉 땅의 희소성이 우리나라가 가장 높기 때문에 그만큼 땅값이 높을 수밖에 없다.

둘째, 학군이라는 특수한 상황이다. 한국에서의 교육열이 다른 누 국가들에 비해서 높고 특수한 교육제도 때문에 기회가 되면 자제들을 좋은 지역에서 공부시키고자 하는 성향이 강하다.

셋째, 지역적으로 미국이나 일본의 경우는 전국적인 분산이 비교적 우리보다 잘 되어 있지만 우리는 수도권 편중현상이 어느 나라보다도 심하여 서울의 땅값을 올리고 있다는 것.

마지막으로 우리 소득 수준은 이제 14,000달러는 넘어서

4~50,000만 달러를 향하여 발전하는 성장 ,팽창기의 국가지만 미국과 일본은 이미 성숙기에 들어서고 있는 시차 문제가 있다.

앞으로 우리 소득은 2020년경에 되면 전 세계 10위안에 들어가면서 40,000달러를 넘기게 될 것이라는 예측이 주를 이루고 있는데 이러한 소득의 증가는 구매력의 증가로 이어지면서 서울의 강남지역의 제한된 고급 아파트 가격은 더 오를 가능성이 있는 것이다.

이러한 여러 가지 배경을 감안해 볼 때 강남의 아파트 가격은 공급을 과감하게 늘리지 않는 한 더 오를 가능성이 내릴 가능성 보다 높다는 것이 필자의 생각이다.

시장은 철저하게 수요와 공급에 의해서 움직이는 법이다. 따라서 수요와 공급을 정부가 인위적으로 왜곡시키면 언젠가는 내재되어 있던 수요 욕구가 한꺼번에 폭발이 되면서 가격의 폭등을 가져오게 되는 것이다. 따라서 정부가 할 일은 시장의 흐름을 정확하게 파악하고 공급을 늘리는 여러 가지 대안을 제시, 유도하고 단기 이익을 위한 투기 세력을 뿌리 뽑는데 역점을 두되, 기본적인 수요와 공급은 시장에 자유롭게 맡겨야 할 것이다. 부동산시장도 수요와 공급의 원칙이 철저하게 적용되는 경제시장이기 때문이다.

경제 24 / 감세정책으로 성공하고 있는 미국경제

세금정책에는 크게 두 가지가 있다. 하나는 증세 정책이고 다른 하나는 감세 정책인 것이다. 증세정책은 소득이 높은 사람에게 더 많은 세금을 거두어 나라 살림에 쓰는 것이 전체 경제를 위해서 좋다는 이론에 근거를 둔 정책이거 감세정책은 반대로 적절하게 세금을 경감 시켜주는 것이 전체적인 세수를 늘리고 경제를 활성화 할 수 있다는 이론에 근거를 두는 정책이다.

미국 조지아(Georgia)대학의 교수인 카머쉔(David R. Kamerschen) 박사는 미국의 감세정책을 지지하는 학자로 유명한데 '감세정책은 세금을 많이 내는 사람들이 더 많은 감세 혜택을 당연히 받게 되는 것이지만 소득이 높은 사람이 감세로 쓸 돈이 더 많아지면 지출을 늘리게 되어 오히려 저소득층에게 도움이 된다'고 주장하고 있다.

현재 미국에서는 상위 50%의 고소득을 갖는 국민들이 96.3%의 세금을 내고 있고 밑에 50%는 4%도 안 되는 세금을 내고 있어서 하위

50%에 해당하는 국민들은 거의 세금을 내지 않고 위의 50%가 내는 세금의 혜택만을 받고 있는 것입니다.

따라서 감세정책이 부자들에게만 혜택을 보는 정책이라고 비난을 하는 정치인들과 일부 국민들이 있다면 그것은 잘못된 견해라고 지적하고 있는 것이다.

요즈음 미국에서는 감세 정책을 시행한 이후에 예상보다 세금이 잘 걷히고 있다고 한다. 2006 회계 연도의 첫 9개월(2005년 10월~2006년 6월) 동안 지난해보다 2000억 달러가 더 걷혔다. 기업들이 장사를 잘해 법인세가 26% 늘었다. 덕분에 고질병인 재정적자도 3000억 달러 이내로 줄어들 전망이라고 한다.

그동안 조지 W 부시 행정부는 법인세, 소득세 부담을 덜어주는 감세 정책을 써왔는데, 경제가 잘 돌아가자 오히려 전체 세수가 늘어난 것이다. 뉴욕타임스는 "경제성장에 힘입어 세금이 많이 걷혔다"고 분석했다. 재정적자가 여전히 부담스러운 수준이고 계속 줄어들지에 대해 전문가들의 의견이 엇갈리지만, 미국 경제가 모처럼 '감세, 경기활성화, 세수 증가, 재정적자 축소'라는 선순환의 실마리를 찾은 것만은 분명해 보인다. 헨리 폴슨 신임 재무장관은 "경제성장을 촉진하고, 재정지출을 억제하겠다"고 말했다. 앞으로도 소비와 투자를 촉진하는 성장 중심의 경제정책을 펴고, 정부도 '작은 정부'를 지속하겠다는 것이다.

미국의 이런 변화를 바라보는 우리는 부러우면서도 착잡하다. 우리국민은 세금 낼 일을 걱정하고, 그런데도 세수는 부족하고, 경기는 침체되고, 재정은 부실해지는 악순환에 빠져 있다. 정부는 '세금은 쥐어짜면 나온다'고 생각하는지 모르지만, 세금 부담이 늘면 개인은 소비를 줄이고, 기업은 생산과 투자를 줄인다는 게 경제학의 기본이다. 하물며 봉급생활자를 '봉'으로 알고, '세금 폭탄' 운운하는데 선뜻 지갑을 열 개인이나 기업이 어디 있겠는가.

한국은행에 따르면 자산 70억원 이상, 5180개 기업이 금고에 쌓아둔 현금이 무려 34조원에 달한다. 싱가포르 정부는 삼성전자에 법인세를 15년 간 면제해 주기로 하고, 800여 명을 고용하는 합작공장을 유치했다. 싱가포르 정부는 앉아서 국민에게 '괜찮은 일자리'를 선물한 셈이다.

상황이 여의치 않으면 정부라도 씀씀이를 줄여야 하는데 사정은 그렇지 않다. '큰 정부'로 공무원을 2만3000명이나 늘리고, 뒷감당이 걱정되는 대형 국책사업을 많이 벌이는 게 현재의 한국 정부다. 들어오는 돈보다 쓰는 돈이 많을 수밖에 없다. 이 구멍을 메우기 위해 2005년까지 3년간 발행한 적자국채가 14조5000억 원이고, 2006년부터 2009년까지 매년 7조~8조원씩 발행해야 한다.

하지만 정부는 경제에 별문제가 없다며 기존 정책을 고수하겠다고 버티고 있다. 성장도, 분배도 잘 안 되는 길로 치닫고 있는 것이다.

세금 거두어 복지를 늘리겠다는 분배 우선 정책과 이것이 필연적으로 동반하는 큰 정부로는 경제가 살아날 수 없다. 세금 꼬박꼬박 내는 개인과 기업을 존중하고, 이들이 소비하고 투자할 마음이 생기도록 선순환의 물꼬를 터야 한다. 정부 스스로 허리띠를 졸라매야 하는 것은 두말할 필요도 없다.

우리는 미국의 새로운 감세정책의 성공을 교훈 삼아 지나치게 세금을 늘려 개인이나 기업의 소비와 투자 의욕을 저하시키고 내수경기를 활성화시켜 서민경제를 살리는 방안을 적극적으로 검토해야만 할 것이다.

개인이 지갑을 닫고 기업이 투자를 하지 않는데 경제가 살아나고 일자리가 창출된다는 것은 언어도단(言語道斷)이다.

정부는 지금부터라도 서민경제 살리기에 보다 신경을 더 써서 경제정책을 수정할 필요가 있다고 본다.

경제 25 / 저축은 진정한 재테크의 기본이다

많은 사람들이 쉽게 돈을 버는 방법이 없나하고 생각한다. 천만의 말씀이다. 이 세상에 공짜 점심은 없는 것이다. 그런데도 사람들은 공짜 점심을 먹으려다가 큰코다치곤 한다.

'재테크'라는 말이 생기면서 무슨 도깨비 방망이로 생각하는지 짧은 시간에 큰돈을 벌어야 하겠다는 생각으로 무리한 방법을 찾다가 크게 당하고 만다.

주식에 투자했다는 깡통 구좌가 된 사람, 부동산에 잘못 투자했다가 원금도 건지지 못하고 돈이 묶여 있어서 은행이자를 물고 있는 사람.

높은 이자를 보장한다는 금융사기 피라미드에 걸려서 알뜰하게 모았던 알토란같은 돈을 한꺼번에 날리는 사람들이 주변에 의뢰로 많다. 참으로 마음이 아픈 일들이다.

재테크에 대한 올바른 생각을 하지 못하기 때문이다. 재테크라는 용어는 재(財/재산)라는 단어와 Technique(기술)이라는 단어의 합성어로서 가지고 있는 재산을 어떻게 효율적으로 관리하여 더 큰 재산으로 불려나가느냐에 관한 기술이라고 할 수 있다.

그런데 이 세상에는 도깨비 방망이처럼 한꺼번에 돈을 불리는 방법은 거의 없다. 다만 재수가 좋아서 사놓은 땅이 용도변경으로 크게 재산이 부는 경우, 사 놓은 주식이 크게 올라서 돈을 버는 경우도 있지만 대부분의 경우는 착실하게 저축도 하고 가지고 있는 재산을 단계적으로 관리하여 키워나가는 것이 정상이다.

재산을 키워 나가기 위해서는 우선 수입과 지출이라는 두 부문을 정확하게 파악하여 불필요한 지출은 줄이고 수입을 극대화 할 수 있는 최선의 방안을 검토하는 것이 필요하디.

이러한 것을 재무설계라고 한다. 재테크 이전에 재무설계를 철저히 하여 재무상태를 파악하고 불필요한 비용의 지출이나 누수를 줄이는 것이 선행되어야 한다.

하지만 많은 사람들의 경우는 쓸 것은 다 쓰면서 저축할 돈이 없다고 불평한다. 저축할 돈을 얼마간이라도 떼어놓고 씀씀이를 줄이지 않으면 평생 저축이라는 것을 할 수가 없는 것이다.

저축을 잘하는 사람들 대부분이 짠돌이라는 별명을 가지고 있는 것은 그들이 쓸 줄을 몰라서가 아니고 씀씀이를 줄여야만 저축이 가능하여 미래를 대비 할 수 있다는 것을 아는 지혜로움이 있기 때문이다.

재테크의 첫 걸음은 저축이다. 저축 없이는 작은 종자돈도 만들

수 없기 때문이다. 종자돈이 있어야 다른 곳에 투자를 할 수 있고 재산을 불릴 수 있는 출발점이 되는 것이다.

저축을 통해 종자돈이 형성되면 눈을 돌릴 수 있는 곳이 금융권의 각종예금, 주식, 채권 그리고 부동산이 투자 대상이 된다. 적은 돈으로 부동산에 투자하기가 어려운 점 때문에 많은 사람들이 주식에 투자를 해서 웃기도 하고 울기도 한다.

필자 생각으로는 경제흐름을 모르는 사람이 주식시장에서 돈 벌기는 매우 어렵다. 따라서 늘 경제의 흐름을 이해하려고 노력하여야 한다. 구구단을 못 외우는 사람이 수학 문제 풀기가 어려운 것과 같다.

주식투자를 위한 비교적 안전한 방법이 적립식 펀드 같은 간접투자 방법이다. 전문가들에 맡기는 것이 확률이 높기 때문이다.

작은 돈이라도 만들려는 노력, 이것이 바로 저축으로써 재테크의 기본이 되는 것이다.

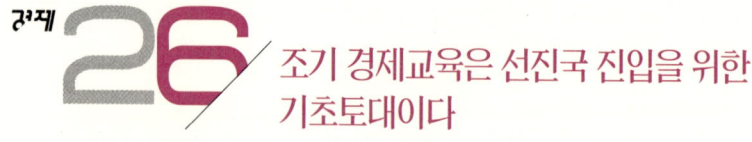

경제 26 / 조기 경제교육은 선진국 진입을 위한 기초토대이다

　조기 경제교육에 대한 필요성이 높아지고 있다. 부자 되기 싫은 사람은 아마도 없을 것이다. 그런데 경제에 대한 공부는 소홀히 하는 경우가 너무 많은 것이 사실이다. 사실 경제의 흐름을 이해하면 돈의 흐름이 보이고, 같은 돈이라도 굴리기가 쉬워져서 조금이라도 부자로의 길이 가까워질 수 있는 것이다.

　같은 돈을 여러 사람에게 맡기고, 3년 뒤에 가지고 오라고 하면, 제각기 가지고 오는 돈이 다를 것이다. 경제의 흐름을 아는 사람은 모르는 사람보다 쉽게 투자할 곳을 찾을 수가 있다는 것은 어쩌면 당연한 일이다.

　경제의 흐름을 편안하게 익히기 위해서는 어려서부터 경제 교육을 시키는 것이 필요하다. 물론 교육 없이도 타고난 감각으로 큰 부자가 되는 사람도 있다. 하지만 그런 사람은 만의 하나 정도로 확률이 낮다.

　더욱이 지금처럼 사회가 안정되어 가는 시대에는 벼락부자가 되는 경우는 거의 없어진다. 사회가 틀에 짜여 져서 돌아가기 때문이다.

따라서 일반적인 사람들이 부자가 되기 위해서는 경제의 큰 흐름을 잘 이해하고 돈이 어느 쪽으로 흐르는지, 같은 돈이라도 어떻게 다루어야 하는지를 경험으로 익히는 것이 필요하다.

우리나라에서는 과거부터 돈을 너무 밝히는 사람을 천시했던 것이 사실이다. 농경사회나 후진사회에서는 그 가치가 먹혀 들어갔는지 모르지만 요즈음과 같은 선진국 진입을 앞두고 있는 경제전쟁시대에는 당연히 경제에 대해서 많은 지식을 가지는 것이 유리한 것이다.

그래서 선진국들은 경제교육을 초등학교 때부터 학교 과목에 배치해서 학생들에게 가르치고 있다. 경제교육이 부자 되기 위한 교육이라는 측면도 있지만 돈에 대한 올바른 이해와 바르게 다루는 법, 그리고 사회에 환원하는 법등을 몸에 익히게 하는 것이다.

우리나라의 경우는 아직도 경제교육이 많이 뒤쳐져 있는 상황이다. 경제교육은 학교에서의 교육도 중요하지만 가정에서 아이 때부터 부모들이 잘 도와주는 것이 필요하다. 용돈을 정기적으로 주면서 돈을 쓰는 요령을 익히게 한다든지 은행에 본인 스스로 출입하게 여건을 조성해 주어서 은행과 친해지게 한다든지, 가정의 경제적인 문제를 아이들이 함께 들을 수 있는 기회를 주어서 경제가 어떻게 움직이는 것인지를 익히게 하는 것이 중요하다.

부모들이 재산을 자식들에게 물려준 후에 많은 사람들이 돈을 잘

못 다뤄 자신을 망치는 경우를 우리는 주변에서 많이 보게 된다. 돈에 대한, 경제에 대한 교육의 부족이 주요 원인이라고 볼 수 있다.

　　마침 재정경제부가 경제교육 개선 방안을 내 놓는다고 하니 기대를 걸어본다. 경제교육이 올바르게 되는 나라가 경제전쟁터에서 승자가 될 것이기 때문이다. 경제교육이 잘되어야 우리가 선진국으로 하루 빨리 들어가게 될 것이다.

경제 27 / 경제는 물이 흘러가듯 자연스러워야 한다

　한 나라의 세금은 참으로 중요한 국가 운영 재원이다. 국가를 운영하기 위해서는 다양한 분야에 많은 돈이 들어가게 된다. 한 집의 살림을 꾸려나가는데도 골치가 아픈데 한 나라의 살림을 해 나가는 것이 쉬울 리가 없다. 나라를 운영하기 위해서는 나라에서 할 일과 들어갈 돈의 규모를 먼저 가늠하는 일을 해야 하는데 그것을 세출예산이라고 한다. 나라를 어떠한 방향으로 어떻게 꾸려 나갈 것이냐에 따라서 당연히 세출규모는 달라진다. 이러한 세출 규모가 확정이 되면 이 재원을 어디에서 충당할 것인가를 설계해야 하는데 이것을 세입예산이라고 한다.

　세입규모를 확정하기 위해서는 국민들로부터 얼마의 세금을 거두어야 되고 기업들로부터 걷는 법인세의 규모는 어떻게 할 것인지를 따지게 된다. 세금을 어느 정도 거둘 것이냐는 나라의 살림을 어떻게 해 나갈 것이냐 하는 기본이 서야 가능해 지는 것이다.

　요즈음 정부에서는 양극화를 해소하기 위한 방안과 다양한 정부의 시책을 추진하기 위해서 세금을 올리는 증세정책을 펴겠다는 의지를 다양하게 표출하고 있다. 하고 싶은 일은 많은데 재원이 없으니 국민들로부터 세금을 더 거두었으면 한다는 이야기다.

이에 대해서 많은 사람들이 찬반 논쟁을 하고 있는 것이다. 지금 선진국들은 감세 정책을 통하여 국민들의 세금을 적게 거두어 국민들이 더 많은 여유 돈을 쓰게 유도하여 경제를 부양하려는 것이 대세인데 반하여 우리는 증세정책을 쓰겠다는 것이다.

사실 세금을 가장 많이 낼 수 있는 경제주체는 기업들이다. 기업들의 활동이 활발해지면 당연히 매출과 이익이 늘어나 세금을 더 많이 내게 되는 것이다. 경제가 안 좋을 때 기업으로부터 너 많은 세금을 거두어 드리려는 정책을 잘 못 쓰게 되면 악순환의 고리에 빠지게 된다.

기업은 의욕을 잃게 되어 기업활동이 위축될 것이고 기업활동이 위축되게 되면 당연히 세금은 덜 거치는 악순환이 이어지게 되기 때문이다. 그래서 대부분의 선진국에서는 경제를 살리기 위해서 오히려 감세 정책을 써서 기업이나 개인이 더 많은 돈을 쓸 수 있도록 유도하는 것이다. 물론 각국이 처해 있는 상황이 다 다르기 때문에 어떠한 정책이 다 맞는 것일 수는 없다.

다만 양극화를 해소하겠다는 목적 때문에 세금을 위에서 더 거두어서 하위계층을 위하여 쓰겠다는 단순한 발상이 오히려 상위계층의 지갑을 닫게 하고 소비를 위축시켜 중장기적으로는 하위계층의 소득을 더 적게 하는 효과가 나타날 수 있다는 것을 염두에 두어야 한다는 것이다.

경제는 물이 흘러가듯이 자연스럽게 움직이게 하는 것이 가장 좋은 것이다. 양극화의 해소는 세금의 증세를 통하는 것보다 오히려 경제를 빨리 회복시켜서 자연스럽게 세금이 더 거치도록 하고 정책적인 배려는 경제 주체들이 더욱 분발하여 경제회복에 합류할 수 있도록 유도한 후에 더 들어온 세금은 하위계층을 위하여 효율적으로 사용하는 데 초점이 맞추어져야 할 것이다.

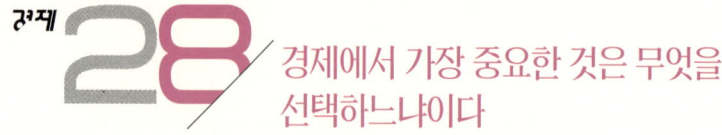

28 경제에서 가장 중요한 것은 무엇을 선택하느냐이다

선택은 사람이 살아가는데 있어서 가장 기본적으로 하는 의사결정이다. 수없이 많은 선택을 매일 하게 된다. 무엇을 먹을까, 무엇을 입을까, 어디서 살까, 무슨 일을 할까, 어느 회사를 다닐까 등등 어떠한 선택을 하든지 간에 반드시 선택하지 않은 나른 것을 생각하게 된다. 내 선택이 올바른 것이었을까.

선택을 할 때 사람들은 즉석에서 기분으로 하는 경우도 있지만 대부분의 경우는 합리적인 판단 기준을 가지고 하게 된다.

자기의 경험과 지식 그리고 다른 사람의 의견과 조언을 얻으면서 늘 새로운 결정을 하는 것이다. 이때 가장 중요한 것이 선택한 나의 의사결정이 경제적으로 이익이었느냐 하는 것이다. 분명하게 본인의 판단에 의해서 어떤 것을 샀다가 많이 후회하고 돈을 아까워하는 경우를 많이 당하게 된다. 돌이켜 생각해 보니 비경제적이었다고 느끼기 때문이다. 고속도로로 갈까, 국도로 갈까를 결정할 때 우리는 비용과 효율성을 경제적으로 비교해서 선택하게 된다. 고속도로를 이용하게 되면 분명히 빠르게 목적지에 갈 수 있다. 그러나 통행료를 내야만 한다. 통행료를 내고 갈 정도로 시간이 소중한 경우는 통행료가 하나도 아깝지 않을 수 있다. 하지만 시간이 많은 사람의 경우 통행료를 내고 목적지에 도달했으나 아무 할 일이 없이 다른 사람이 올 때까지 기다리는 것이라면 국도를 이용하는 것이 나을 것이다.

점심을 회사근처에서 사먹는 것이 나을 것인가, 아니면 가까운 집으로 가서 먹고 올 것인가를 고민하는 것도 마찬가지이다.

같은 돈을 가지고 있다고 하더라도 무엇을 하느냐에 따라 돈의 가치가 달라지기 때문에 누구나 고민을 하게 되는 것이다.

재테크를 예로 들어보면 1억의 돈이 있는데 부동산을 사둘 것인지 주식을 살 것인지 아니면 은행에 넣고 이자를 받을 것인지를 결정하는 과정이 모두 경제적인 선택이 되는 것이다.

세상을 살아가면서 경제적 선택을 하지 않는 사람은 아무도 없는 것이다.

다만 경제적인 선택을 현명하게 해 가는 사람이 결국에는 경제적인 이득을 더 많이 가져갈 수 있는 것이다.

경제적인 선택을 할 때 자신이 선택한 것이 잘못되어 다른 것을 선택했을 때 보다 손해가 날 수 있거나 상응하는 비용을 지불해야 하는 것을 우리는 기회비용(opportunity cost)이라고 한다. 기회비용이 최소화되어 다른 선택한 것이 빛을 발할 때 현명한 소비자나 기업가가 되는 것이다.

가령 100억 원이라는 투자 여력이 있는 기업가가 A라는 사업에 투자할 수도 있고 B라는 사업에 투자할 수도 있을 때 A라는 사업을 투자하기로 결정하게 되면 B라는 곳에 투자해서 벌 수 있는 기회를 상실하게 되기 때문이다. 그런데 결과적으로 A에 투자한 것이 B에 투자한 것보다 현명한 의사결정이 되었다면 기회비용은 상대적으로 적은 것이 되나 B에 투자했던 것이 A보다 큰 이익을 내게 되는 경우에는 기회비용이 큰 것이 되는 것이다.

개인도 투자할 여력이 있을 때 어느 곳에 투자 할 것인지를 잘 결정하여야만 한다. 그러지 않으면 기회비용이 너무 크게 되기 때문이다. 만원을 가지고 점심식사를 하려고 할 때도 같은 의사결정을 하게 되는 것이다.

따라서 우리는 늘 경제적인 선택을 하면서 살아가고 있는 것이며 이러한 선택을 잘 하기 위해서는 경제의 흐름을 잘 알아야만 한다.

- 성공하는데 가장 큰 장애물은 스스로에게 있다
- 인생에서 성공하려면 좋은 멘토를 구하라
- 혁신은 기업이나 개인이 생존,
  성장하기 위한 필수과제이다
- 창조적 경영을 하기 위한 전제조건
- 최고의 마케팅은 고객의 입을 통하는 것이다
- 기업가정신은 기업경영의 원동력이다

경영 01 / 성공하는데 가장 큰 장애물은 스스로에게 있다

사람들은 저마다 다양한 목표를 세운다. 그런데 중도에 포기하고 목표를 달성하지 못하는 경우가 많다. 그래서 성공하는 사람이 적은 것일지도 모른다.

중도에 포기하고 싶은 유혹이 늘 우리를 어렵게 한다. 최고의 장애 요인은 내부의 적에 있다. 자기 스스로가 가장 좋은 동반자이자 적군인 셈. 좋을 때는 함께 가는 동반자이지만 스스로를 약하게 만드는 유혹자이기도 하다. 많은 핑계를 스스로 만들기 때문이다. 자위하고 합리화시키는 명수가 바로 스스로에게 있는 것이다.

사람이 어떤 결심을 하고 견디기 어려운 시간이 바로 3일(72시간)이라고 한다. '사흘만 굶으면 도둑질 하지 않는 사람이 없다' 라는 옛말이나 '아무리 강한 사람도 3일만 잠을 재우지 않으면 모두 포기한다.' 고 한다. 그래서 작심삼일(作心三日)이라는 말이 있지 않은가. 이것을 뛰어 넘을 사람도 스스로이다. 다른 사람이 대신 해 줄 수 가 없는 것이다.

담배를 끊겠다고 스스로에게 약속을 해 놓고, 스스로가 약속을 깨곤 한다. 금년도 2개월 반밖에 남지 않았다. 금년 초에 스스로가 세웠던 계획이 얼마나 달성됐는지 진지하게 점검해볼 시점이다. 나머지 기간만이라도 약속을 지키도록 노력하는 자세를 가져보는 것이 필요하다. 그래야 내년에는 새로운 목표를 세우더라도 멋지게 해 낼 수 있는 기초공사를 하는 것이기 때문이다.

많은 사람들이 잘 안 되는 일이 있으면 남을 탓하곤 한다. 환경을 탓하고 상대방을 탓하지만 자신을 준엄하게 꾸짖는 일에는 매우 관대하다. 바로 이런 생각이 문제가 된다. 이 세상의 모든 일은 자기 스스로에게서부터 출발한다는 것을 망각하기 때문이다. 잘되는 것도 자기 자신에게 달렸고 잘못되는 것도 자기 스스로에게 달렸다는 것을 잊지 말아야 똑 같은 실수를 반복하지 않을 수 있다.

멀리 뛰고 도약하려면 힘을 집중해야만 한다. 공을 멀리 던지기 위해서는 힘을 한곳에 모아야 하는 것과 같다. 집중하지 않으면 도약이 되지 않는다. 자기 일에 푹 빠져서 집중할 때 도약이 가능한 것이다.

세상에서 성공하는 사람들은 다 자신의 분야에서 집중하는 사람들이다. 미친 듯이 빠져서 혼신의 힘을 모을 때 가능해진다. 고양이가 점프를 하기 위해서는 몸을 움츠리면서 힘을 집중한다. 그 자리에서 뛰지 않는다. 마찬가지로 도약을 하기 위해서는 우리가 가지고 있는 역량을 집중하고 정신을 집중해야만 한다.

금년이 다가기 전에 지쳐있는 마음과 몸을 다잡고 미래를 향해 도약하기 위한 준비를 금년 말까지 해 보도록 하자. 도약하려면 마음을 정리하고 새로운 마음으로 전진해야만 한다. 잘못된 것은 과감하게 반성하고 미래를 위한 밑거름으로 삼아야만 한다.

사업하는 사람들은 경제를 긍정적으로 보고 전진했으면 한다. 긍정의 힘이 세상을 바꾸기 때문이다. 직장인들은 상생의 자세로 회사로 출근하자. 모든 것이 달라 보일 수 있다. 만나는 사람마다 늘 인사하고 미소 짖도록 하자. 모두가 소중한 보물이기 때문이다.

멀리 도약하기 위해 혼신의 힘을 모아서 한해를 마무리하자. 이 모든 것의 중심에는 우리 스스로가 서있다. 세상의 모든 일은 다 내 탓이다. 자신의 속에 있는 장애물을 스스로 제거하지 않으면 성공에서 멀어지게 된다. 성공하는데 가장 큰 장애물은 나 스스로임을 잊지 말자.

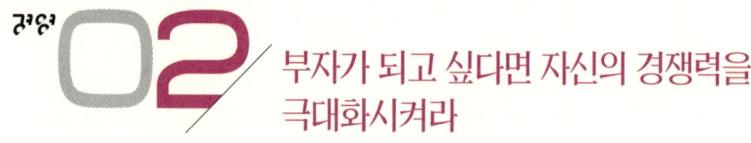

02 / 부자가 되고 싶다면 자신의 경쟁력을 극대화시켜라

이 세상에서 부자가 되기를 원하는 않는 사람은 거의 없을 것이다. 누구나가 부자가 되고 싶지만 잘되지는 않는 것이 이일이다. '작은 부자는 스스로의 노력에 의해서 만들어지고 큰 부자는 하늘이 낳는 것이다' 라는 말이 있다. 맞는 말이다. 작은 부자는 우리 스스로가 어떻게 노력하면서 살아가느냐에 따라 결정이 된다.

그래서 사람들은 부동산 그리고 다른 재테크 수단에 많은 관심을 가지고 다양한 노력을 하지만 필자의 생각으로 가장 좋은 재테크 방법은 자신의 몸값을 올리는 것이다.

자신이 자기 분야에서 최고의 전문가가 되기만 하면 돈은 자연히 따라오기 때문이다.

그러나 몸값은 자연히 올라가지 않는다. 노력한 만큼 돌아오는 것이다.

자신의 몸값을 올리려면 성실성과 유능함이라는 두 가지 요소를 잘 갖추고 항상 노력 해야만 한다. 성실과 유능함은 성공이라는 집을 짓는데 필요한 두 개의 커다란 기둥과 같다.

성실함만 가지고는 착실하고도 좋은 사람으로 남을지는 몰라도 사회나 직장에서 필요로 하는 준재가 되기는 어려울 수 있다.

반면에 유능하기는 한데 성실하지 못한 사람은 큰 도둑이 될 가능성이 높아 걱정인 사람들이다. 성실함과 유능함을 잘 균형 있게 지니고 있는 사람이야말로 사회나 조직에서 필요로 하는 인재가 되어 몸값이 올라가게 된다.

성실함은 부지런함과 정직함을 뜻하게 되는데 부지런함은 일찍 일어나서 자기 자신의 생활을 건전하게 시작하며 직장에서의 출근시간 준수에서부터 사람들과의 약속을 잘 지키는 신의까지를 포함한다고 할 수 있을 것 같다.

따라서 사회생활을 하는데 있어서 부지런함은 가장 기본이 되는 사항이라고 할 수가 있다. 마찬가지로 사람들에게 진실한 태도로 임해야 하며 한번 한 약속은 꼭 지키는 습관을 갖는 것 또한 매우 중요한 성실의 넉목을 구성하는 요소라고 할 수 있다.

유능함이란 자기가 속해 있는 조직에서 꼭 필요한 실력을 갖추고 있고 일을 효율적으로 처리하여 조직에 이익이 될 수 있는 능력을 말하는데 유능함은 선천적으로 타고나는 것도 있겠으나 상당 부분은 후천적인 노력에 의해서 키워질 수 있다.

물론 천부적인 소질을 요구하는 예술 분야는 예외일 수 있으나 대부분의 사회생활, 특히 조직 생활에서의 유능함은 노력 여하에 달려 있다고 할 수 있는데 필자의 생각으로는 유능함이란 자신이 속해있는 조직의 목적에 부합하는 지식과 노하우를 갖추는 전문가가 되는 것이 아닌가 한다.

유능함은 자신의 몸값을 올리는 원동력이다. 몸값을 올리는 데 가장 중요한 것은 자신이 하고 있는 분야에서 최고의 전문가가 되려는 노력이다. 자기 분야가 어느 분야이든지 간에 최고의 전문가가 되려는 노력을 하는 것이 자신의 몸값을 올리는 최선의 길이기 때문이다.

운동선수이든지 학자이든지 간에 자신이 하고 있는 분야에서 최고의 전문가가 되는 것은 어려운 일이다. 보통의 수준을 뛰어 넘으려는 맹렬한 노력이 있어야만한 가능한 일이다.

이 세상에서 남들로부터 존경받고 칭찬받는 대상이 된다는 것이 쉬운 일은 아니나 누구나 할 수 있는 일이다. 중요한 것은 그러한 노력을 하고 사느냐 하는 것이 문제인 것이다.

대부분의 사람들은 보통 사람들의 수준에서 노력을 하고 살면서 성공하고 부자가 되는 길을 원하고 있으니 손에 잡히질 않는 것이다.

부자가 되고 싶다면 자신의 분야에서 최선을 다하여 최고가 되려는 노력을 경주해 보라!

어떠한 방법보다도 현실적으로 성공과 부자의 길을 가는 것이 될 것이다.

경영 03 / 인생에서 성공하려면 좋은 멘토를 구하라

많은 사람들은 리더가 되기를 원하면서도 리더가 되는 길은 가지 않는다. 리더는 되고 싶다고 되는 것이 아니라 노력해서 만들어 가는 것이다. 리더는 태어나는 경우도 있지만 대부분 훈련에 의해서 만들어지기 때문이다. 물론 특유의 카리스마를 가지고 있는 리더도 있다. 카리스마는 상대방을 끌어드리는 강력한 힘이며 매력이라고 할 수 있다. 부처님이나 예수님과 같은 사랑과 자비의 카리스마가 있는가 하면 히틀러나 스탈린처럼 사람을 선동하는 카리스마도 있고 부드럽게 상대방을 끌어들이는 카리스마도 있다. 카리스마는 그 사람의 매력이며 강한 리더십의 원천이라고 할 수 있디. 기리스마는 태어날 때부터 가지게 되는 선천적인 측면이 강하나 후천적인 노력에 의해서 만들어 질 수 있다는 것이 정설이다. 리더가 되고 성공으로 가는 길에 멘토를 만나게 되고 가르침을 받게 되면 그 노력과 시간이 반감될 수 있다. 멘토는 인생의 네이비게이션 역할을 해 줄 수 있기 때문이다.

필자의 경우도 인생의 큰 획을 그을 수 있는 멘토를 만난 것을 늘

하늘에 감사한다. 지금의 성공을 성취할 수 있었던 것은 멘토의 힘이 컸다는 것을 잘 알기 때문이다.

필자의 멘토인 조지 브라운은 1979년 미국에서 나에게 자동차를 판매한 자동차 판매원이었다. 처음에는 그 분이 어느 정도 성공한 사람인지도 몰랐으며 인식할 능력도 없었다.

하지만 시간이 지나면서 그 분이 미국 최고의 자동차 판매원 중의 한 사람이라는 것을 알았으면 그것도 학력도 아주 보잘것없는 신분이라는 것을 알고 난 후에 필자가 찾아가 멘토로 모실 것을 제안하고 아주 어렵게 허락을 받아냈던 것이다.

필자는 그분을 통해 성공하는 방법인 성공학을 터득할 수 있었으며 필자가 어려운 일이 있을 때마다 아주 친절하게 가이드해준 분이다. 오늘날 내가 있게 된 것은 다 그분 덕분이라고 지금도 주변에서나 강의 때 자주 이야기 하곤 한다.

멘토를 잘 만난다는 것은 큰 행운이다. 인생 이라는 험로를 항해하는데 있어서 선장 역할을 해주고 네이비게이션 역할을 해주며 때로는 뼈아픈 조언을 아끼지 않는 동반자이기 때문이다.

이 세상의 지도자가 된 많은 분들은 그들 나름대로 이끌어 준 멘토가 반드시 있다는 것을 발견하게 된다. 리더는 만들어 지는 경우가 많고 좋은 멘토가 옆에 있게 되면 그 시간을 대폭 단축할 수 있기 때문이다.

따라서 독자들 중에서도 멘토가 없는 사람은 지금이라도 자신의 현실에 맞는 멘토를 구할 것을 강력하게 추천한다. 마치 자신의 자동차에 성능 좋은 네이비게이션을 장착하는 것과 같다는 생각을 가져보기 바라는 것이다.

다만 멘토링을 하거나 받고자 하는 사람들은 시행착오를 줄이기 위하여 다음과 같은 사항을 마음에 넣고 시작했으면 한다.

첫째, 멘토나 멘티의 관계를 맺는 다는 것은 매우 소중하지만 어려운 일이라는 것이다. 이 세상의 많은 사람들 중에서 맺게 되는 인연이니 만큼 그 소중함이란 함부로 이야기 할 일이 아니다. 그러나 이렇게 맺어진 멘토링의 관계가 잘 지속되는 것이 쉽지 않다는 것을 늘 염두에 두고 시작하는 것이 좋다. 서로 사고방식이나 행동 양식이 다른 사람들이기 때문이다.

둘째, 멘토를 선정할 때 자신과 인생관이나 철학이 맞는 사람인지를 잘 살펴 볼 필요가 있다. 그 사람이 성공한 사람이라고 하더라도 자신과 인생철학이 너무 다르다든지 행동 양식이 크게 다른 경우는 멘토링에서 성공할 확률이 낮기 때문이다.

셋째, 멘토는 남의 인생에 중요한 영향을 미치는 위치임을 분명하게 인식하고 책임 있는 말과 행동을 하여야만 한다. 늘 멘티에게 모범이 되는 사람이 되는 것이 필요하다. 따라서 무척 피곤한 일이 될 수 있음을 염두에 둘 필요가 있다.

넷째, 멘티는 멘토를 정했으면 앞만 보고 그 분의 철학과 인생관 그리고 행동 양식 중에서 좋은 점을 빨리 습득하려는 최선의 노력을 경주하여야 하며 멘토를 실망시키지 않으려는 노력을 하여야 한다.

다섯째, 멘토는 사회나 직장에서 성공하였거나 그 길을 먼저 가고 있는 사람이지 신이 아니라는 것을 인식할 필요가 있다. 우상화해서는 안 된다는 말이다.

여섯째, 멘토와 멘티는 상호 신뢰와 사랑으로 감싸주고 이끌어주는 마음을 가져야만 한다. 멘토링 과정에서 짜증이 나고 힘이 들 때가 반드시 있게 되는데 이런 어려움을 잘 넘기는 팀이 상생하는 멘토링 팀이 될 것이다.

경영 04 / 분명한 목표나 비전이 기업이나 조직을 성공으로 이끌어간다

사람이나 기업이나 미래지향적으로 발전하는 경우를 살펴보면 분명한 목표와 비전을 가지고 있다는 것을 알 수 있다.

목표나 비전이 없이 살아가는 사람은 목적지 없이 방황하는 것과 같으며 기업은 이것이 없이는 더 큰 성과를 내기 어렵다.

경영위기를 맞았거나 후발주자임에도 불구하고, 성공적으로 경쟁력을 강화해 지속적으로 높은 성과를 올리고 있는 기업들을 분석해 보면 시대적 요구에 맞는 방향으로 전사적인 비전을 잘 설정해 조직 구성원들의 공감대를 이끌어내고, 이를 일관성 있게 실천했다는 것이다.

기업에게 비전이란 경영이념에 근거해 회사가 지향해야 하는 방향성과 도달할 수 있는 최대한의 목표를 정하는 것이다. 많은 기업들이 비전을 설정하지만, 구호만 난무하고 구성원들의 실제 의사결정에서는 고려되지 않는 무의미한 비전인 경우가 많다.

개인의 경우도 마찬가지이다. 자신의 분명한 미래 비전과 목표를 갖기 위해서는 스스로 성실한 자성과 성찰을 통하여 확고한 생각을 정리해야만 한다.

비전을 지닌 기업은 그렇지 못한 기업에 비해서 장기적인 성과에 대단히 중요한 차이를 보이고 있다.

1990년대 경영분야 베스트셀러 중 하나인 '성공하는 기업들의 8가지 습관'에 의하면, 비전을 가지고 있는 기업들이 동종업종의 경쟁기업보다 주가는 비교기업의 6배 이상, 시장평균 주가지수에 비해서는 무려 15배 이상 올랐음을 보여주고 있다.

개인도 분명한 비전과 목표를 가지고 사는 사람이 그렇지 못한 사람보다 성공할 확률이 10배 이상 높다는 것이 여러 가지 실험에서 나온 결과임을 감안할 때 분명한 비전이나 목표를 가지는 것이 중요하다.

기업이 살아 있는 비전을 만들기 위해서는 서울대 송재용 교수의 '스마트경영'에 따르면 다음과 같은 몇 가지 요소를 염두에 둘 필요가 있다.

첫째, 비전이란 기업의 미래 방향을 제시해야 하고, 외부환경의 변화와 고객의 니즈(needs) 변화에 부합해야 한다. 특히 좋은 비전은 기업의 장·단기전략 수립에서 나침반 역할을 수행할 수 있어야 한다.

둘째, 비전은 구성원들의 의견 반영과 동참을 통해서 조직의 비전이 개인의 비전과 조화를 이룰 때 살아 있는 비전이 될 수 있다. 비전 설정과 실행이 구성원의 공감대를 형성하려는 노력 없이 최고경영층이나 컨설팅 회사의 일방적 주도로만 이루어진다면 이 비전은 실행 가능성이 낮아지기 때문이다.

셋째, 효과적인 비전은 미래에 대한 꿈을 담고 있고 혁신을 통해서만 달성할 수 있을 정도로 도전적이어야 하지만, 회사의 현실적 조건을 무시해서는 안 된다. 아무리 노력해도 달성이 힘든 비현실적 비전은 구성원들의 도전 의욕을 불러일으키지 못하는 쓸모없는 비전이 될 것이기 때문이다.

넷째, 비전 달성은 경영시스템의 변화를 수반해야 하는 장기적이고도 어려운 과정이기 때문에 최고경영층의 리더십과 구성원의 믿음을 기반으로 일관성 있게 지속적으로 추진되어야 한다.

개인의 경우도 마찬가지이다. 자신의 환경적인 요소를 감안하여 장·단점, 강·약점 등을 잘 고려하고 분명한 미래지향적인 목표를 가지고 비전을 설정하여야 하며 단순히 구호에 그칠 달성 불가능할 꿈과 같은 것은 정해시는 안 되며 비전과 목표를 정한 뒤에는 끊임없이 노력하는 끈기를 유지하는 것이 필요하다.

기업의 비전과 조직 구성원의 비전이 일치될 때 가장 큰 힘이 발휘되고 성공할 수 있기 때문에 기업이 비전 설정 시에는 조직원들이 적극적인 참여와 공감대 형성이 가장 중요하다고 할 수 있다.

비전은 기업이나 개인의 방향성을 정하는 분명한 나침반 구실을 한다. 환경변화가 과거보다 빨라지고 예측하기가 쉽지 않다고 해서 회사나 개인의 비전을 설정하지 않는 것은 나침반 없이 거친 바다를 항해하는 것과 마찬가지로 위험한 발상일 수 있다. 분명한 비전을 잘 설정하고 이를 조직 구성원들과 공유할 때 그 기업은 장기간 높은 성과를 올릴 수 있을 것이며 그 조직 내의 구성원들도 보람을 함께 하면서 성장 할 수 있을 것이다.

분명한 비전과 목표를 갖는 것은 조직이나 구성원들을 성공으로 이끄는 매우 중요한 원동력이다.

경영 05 / 혁신은 기업이나 개인이 생존, 성장하기 위한 필수과제이다

'혁신하면 위험하다, 그러나 혁신하지 않으면 더 위험하다.' 세계적인 경영자가 언급한 내용이다. 참으로 가슴에 와 닿는 말이다. 그런데 혁신이라는 것은 참으로 어렵고도 험난한 길이다. 그래서 많은 사람이나 기업이 그 길을 가려고 하지만 성공하는 경우가 많지는 않다. 힘이 들기 때문이다.

현대 경영학의 창시자 피터 드러커는 기업의 성장은 '하면 좋은 것'이 아니라 '안 하면 기업의 생명은 다하는 것'으로 봐야 한다고 말해 기업이 생존하기 위해 성장은 필수 과제라는 것을 강조했다.

이러한 지속적인 성장을 위해서는 기업이 늘 혁신하려는 자세를 가지고 있어야 한다.

성장의 방식에는 크게 두 가지가 있다. 자생적 성장(organic growth)과 M&A(인수·합병)에 의한 성장이다. 둘 중 어떤 방법이 더욱 효과적이라고 단정적으로 말할 수는 없지만 최근 비즈니스위크(Business Week)지(誌)는 'S&P 500대 기업의 CEO(최고경영자)들은

M&A를 통한 급속한 성장보다는 핵심 사업의 경쟁력 강화를 통한 자생적 성장이 보다 확실하게 기업의 생존을 담보한다고 생각한다'고 보도했다. 혁신을 통해 핵심 사업의 경쟁력을 높이는 것이 기업을 성장시키는 데 더 큰 역할을 한다는 것이다.

혁신이라는 말은 한마디로 정의한다면 '짧은 시간 동안의 큰 변화'다. 사업구조를 대대적으로 바꾼다든지 오랫동안 유지되어 온 조직의 관습이나 일하는 방식을 트렌드(trend)에 맞게 개조하는 것 등이 혁신의 일환이다. 요즘 기업이 혁신 역량을 갖추는 것은 매우 중요하다. 비즈니스 환경이 급격히 변하고 있기 때문이다. 환경은 변하는데 여기에 적응하기 위해 아무런 노력도 하지 않는다면 기업은 자연히 도태될 수밖에 없다. 따라서 기업은 혁신을 구호로만 그치는 것이 아니라 이를 실행으로 옮길 수 있어야 한다.

혁신을 보다 효과적인 성장으로 이끌려면 작은 변화(walking)와 큰 변화(jumping)를 잘 조화시켜야만 한다.

작은 변화란 프로세스 개선, 제품의 성능 향상, 고객 만족도 제고 등 기업이 기존에 가지고 있는 역량을 좀 더 높이는 작업이다. 이에 반해 큰 변화는 종전과는 전혀 새로운 고객, 새로운 제품, 새로운 기술, 새로운 사업을 통해서 기업의 체질 자체를 바꾸는 것이다. 작근 변화가 단기적인 혁신 또는 개선활동이라고 한다면 큰 변화는 비교적 장기적이고 위험도가 높은 혁신활동이다.

하버드비즈니스리뷰(HBR)에 따르면 글로벌 100대 기업은 전체 사업의 14%를 점핑과 관련된 활동에 투입하는데 그 효과는 전체 수익의 61%인 것으로 나타났다. 즉 대규모의 혁신을 추구하는 것은 위험도가 높고, 시간도 오래 걸리지만 결과적으로는 수익의 원천이 된다는 것이다.

실제로 큰 변화를 통해서 기업 경쟁력을 획기적으로 높인 사례가 바로 콜라시장이다. 그동안 줄곧 코카콜라의 아성에 눌려 2등의 자리만 지키고 있던 펩시가 108년 만에 처음으로 코카콜라를 앞지르고 1등 기업으로 도약했다. 펩시와 코카콜라의 경쟁은 큰 변화와 작은 변화의 대결이라고 봐도 과언이 아니다. 최근 몇 년간 음료시장은 웰빙 열풍 때문에 탄산음료 시장이 위축되는 현상을 경험했다. 이러한 상황에서 코카콜라는 탄산음료의 질을 높이는 데 몰두한 반면, 펩시는 새로운 사업을 찾는 데 많은 노력을 기울였다. 펩시는 스낵, 기능성 음료 등 새로운 부문에서 성장 동력을 찾기 시작했다. 전체 사업에서 탄산음료가 차지하는 비율은 코카콜라가 80%라면 펩시는 20%밖에 되지 않는다. 결과적으로 작은 변화에 치중한 코카콜라는 성장이 정체된 반면, 큰 변화를 시도한 펩시는 한 단계 성장할 수 있었다.

우리나라에서도 유사한 예를 볼 수 있다. 바로 하이트맥주이다. 지속적인 2위 기업이 혁신적인 방법으로 1위인 OB맥주를 이긴 사례는 바로 큰 변화(혁신)의 또 다른 예가 될 것이다.

이처럼 기업이 평범함을 넘어 일류로 도약하기 위해서는 대규모의 근본적인 혁신이 필요하다. 그런데 한 가지 명심해야 할 것은 큰 변화와 관련된 활동에 과도하게 투자하다가 실패하면 기업 전체가 커다란 위기에 빠질 수 있다는 점이다. 실제로 모토로라는 1990년대 초 이리듐 신규 사업에 막대한 투자를 단행했었는데 당시 모토로라의 자산 규모가 47억 달러 수준이었는데 이리듐사업에 투자한 금액이 무려 26억 달러였던 것이다. 결국은 이리듐사업은 실패했고 이 때문에 모토로라 전체가 위기에 직면하게 된 적이 있다. 가장 최선의 방법은 작은 변화와 큰 변화 중 어느 한쪽에 치우치지 않고 이들을 시의 적절하게 조화하는 것이다.

개인이나 기업이나 보다 큰 성장을 위해서는 분명하게 혁신을 단행해야만 한다. 혁신 없이 큰 성장이나 성공은 있을 수 없기 때문이다. 다만 우리가 늘 염두에 두어야 할 것은 그 혁신이 합리적인 수준에서 실행되어야 한다는 것이다.

경영 06 멋진 노사관계는 기업경쟁력을 높여주는 중요한 요소이다

기업경쟁력을 높여주는 요소는 여러 가지가 있지만 그중에서도 가장 중요한 요소는 역시 노사관계이다. 기업을 경영하는데 있어서 필수적인 요소 중의 하나가 노동력이기 때문이다.

기업을 항해하는 배로 본다면 사용자는 선장과 항해사에 해당할 것이고 근로자는 배의 각 부문에서 각자의 맡은바 임무를 다하는 선원에 해당한다고 볼 수 있다.

배가 가장 빠른 속도로 정해진 방향으로 목표를 향하여 항진하기 위해서는 선장의 건전한 사고와 경험, 그리고 지식이 있어야만 하고 선원들은 선장의 지시에 따라 맡은바 임무를 다하여야만 가능해지는 것이다. 특히 날씨가 좋아서 항해하는데 적합한 조건인 경우에는 비교적 항해하기가 순조로우나 악천후인 경우에는 항해하는데 어려움이 많아 배에 탑승하고 있는 전원이 더욱 혼연일체가 되어 협력하지 않으면 악천후를 이겨 내지 못하게 된다.

경제에 있어서 기업의 경영도 이와 같은 이치로 움직인다고 할 수 있다.

　　기업은 배이고 기업의 경영층은 선장이나 항해사 같은 일을 하고 있다고 할 수 있으며 직원들은 선원의 역할을 하고 있다고 할 수 있다.

　　일반적으로 경기가 좋을 때는 날씨가 좋을 때 항해를 하는 것처럼 순조롭게 항해할 수 있으나 국내외적인 경쟁상황이 나빠지고 있는 때는, 악천후 때와 같이 임직원 전원이 혼연일체가 되어 합심하지 않으면 기업의 경영이 성공적으로 이루어지기는 힘들게 된다.

　　따라서 노사관계는 기업경영에서 참으로 중요한 일인데 노사관계의 가장 중요한 근간은 믿음이라고 할 수 있다. 선원들이 선장을 믿지 못한다면 선원들이 행동은 각자의 판단에 의해서 움직이게 될 것이고 배는 한 방향으로 항진하지 못하게 되어 좌초하거나 전혀 다른 방향으로 항해하게 될 것이고 결국은 배에 탄 모든 사람들에게 불행한 일이 생기게 될 것이다.

　　선장이 선원들에게 믿음을 주기 위해서는 평상시에 인간적인 신뢰감을 주는 언행이 선행되어야만 한다. 마찬가지로 기업경영자도 종업원들로부터 신뢰를 받도록 하여야만 한다. 기업경영자가 신뢰를 받기 위해서는 사랑과 감사하는 마음으로 종업원들을 대하고 평상시에 경영내용을 투명하게 공개하여 종업원 모두가 기업의 내용을 가족처럼 이해하고 협조하려는 마음이 우러나오게 해야만 한다.

　　노사관계가 잘 정립되어 있지 않은 기업은 경영에 언젠가는 실패

할 개연성을 항상 가지고 있는 것이다. 노사관계의 올바른 정립은 기업경영의 경쟁력에 중요한 요소인 동시에 성공요소라고 할 수 있다.

종업원 입장에서도 기업경영의 어려움을 잘 이해하고 올바른 방향이라고 판단되면 대승적으로 행동하는 용기와 현명함이 필요하다고 할 수 있다.

노사관계의 올바른 정립은 노사 양쪽을 위한 윈윈 전략이기 때문이다.

이러한 면에서 그 동안 국내에서 가장 강성이었던 현대자동차노조가 올해 임금 및 단체협상 잠정합의안에 대한 찬반투표를 높은 찬성률로 가결시킴으로써 현대자동차 노사는 10년 만에 임단협 무분규 타결이라는 새 이정표를 세운 것은 참으로 의미가 있는 일이다.

현대차지부는 올해 임단협에서 전체 조합원을 상대로 잠정합의안 수용 여부를 묻는 찬반투표 결과, 77.09%라는 이례적으로 높은 찬성률을 이끌어냈다.

10년 만에 무파업 임단협 타결이라는 새로운 노사관계의 지평을 열고 파업의 악순환이라는 고리를 끊은 올해 임단협을 계기로 앞으로의 노사협상에서도 합리적인 대화와 양보를 통해 노사 모두 명분과 실리를 함께 찾는 점진적인 변화가 기대되고 있다. 이번 무분규 타결은 국민들의 관심과 울산시민들의 적극적인 노력, 그리고 정부의 보이지 않는 노력이 함께 맺은 결과이다.

물론 이번 타협을 두고 경영자 측이 너무 많이 양보한 것이 아니냐 하는 관측도 나오고 있지만 어떠한 과정이던지 결과는 미래지향적이 되지 않았나 판단된다. 앞으로도 이러한 새로운 노사관계가 지속되어 Toyota의 무분규 기록을 뛰어 넘어 세계적인 자동차 No.1 기업이 되길 바란다. 멋진 노사관계는 기업의 경쟁력을 제고 시켜주는 가장 중요한 원동력인 것이기 때문이다.

07 한국기업의 브랜드 가치가 한국의 인지도보다 높다

세계인들 사이에서 삼성전자의 브랜드 가치가 세계 21위로 평가됐다. 그러나 순위는 작년보다 한 계단 주저앉았다. LG전자는 2006년 94위에서 2007년 97위로 3계단이나 내려갔다. 한국 전자업계가 작년 이후 글로벌 시장에서 고전하고 있음을 보여주는 대목이다. 그러나 해외시장에서 약진하고 있는 현대차는 2006년 75위에서 72위로 상승, 국내 업체로는 유일하게 상승세를 달렸다. 기업이 해외에서 어떻게 뛰고 있고 인정받고 있느냐에 대한 성적표인 것이다.

2007년 7월, 세계적인 브랜드 평가회사인 인터브랜드와 비즈니스위크가 공동 실시한 '올해의 100대 브랜드' 조사에 따르면 삼성전자의 브랜드 가치는 작년보다 4% 오른 168억5300만 달러로 추정됐다. 순위 면에서는 작년 20위에서 한 계단 내려갔다.

LG전자의 브랜드 가치는 2006년보다 3% 상승한 31억 달러였다. 순위는 94위에서 97위로 내려갔다. 현대자동차는 "세계 자동차 브랜드 가운데 가장 빠른 성장을 보이고 있다"는 평가를 받으면서 75위에서

72위로 순위가 올라갔다. 브랜드 가치는 9% 상승한 44억5300만 달러였다. 100위안에 들어가는 기업이 세 개인 것이다. 이러한 브랜드 인지도는 놀랍게도 세계인이 한국을 인지하는 것보다도 삼성전자를 더 많이 인지하고 있다는 사실이다. 한 나라보다 그 나라에 있는 기업이 더 사람들에게 잘 인식되고 좋게 평가되고 있다는 경우는 많이 있다.

1980년대 중반 미국에서 한 경제 주간지에서 SONY(소니)의 인지도 조사를 한 적이 있었다. 미국인들이 일본제품인 소니를 어떻게 인식하느냐에 대한 조사였다.

첫 번째 질문이 어처구니없게 들릴 지도 모르지만 "소니는 어느 나라 제품인가?"였다. 우리는 당연히 누구나 소니가 일본제품이라고 답할 것이라는 생각을 할 것이다. 하지만 결과는 참으로 엉뚱하게 나온 것이다. 소니가 미국제품으로 인식하고 있는 미국인이 38%가 넘는다는 것이었다.

미국인들의 3분의 1이상이 소니를 미국제품으로 인식하게 만든 것은 소니의 브랜드 전략 때문이었던 것이다. 소니가 1957년 미국시장에 처음으로 진출하면서 그들은 소니라는 브랜드를 일본이 아닌 글로벌 브랜드화 하려는 전략을 가지고 끊임없이 노력하여 왔던 것이다.

그러한 경우는 소니뿐만이 아니라 수많은 다국적기업의 경우에서 볼 수가 있다. 그 만큼 기업의 힘이 강해지고 있는 것이다.

코카콜라는 653억2400만 달러의 브랜드 가치로 1위 자리를 고수했다. 이어 마이크로소프트, IBM, GE, 노키아, 도요타, 인텔 등으로 브랜드 가치가 높게 나타났다.

100대 브랜드에는 국가별로 미국이 53개로 가장 많았고 독일 10개, 프랑스와 일본이 각각 8개, 스위스와 영국이 각각 5개, 한국과 네덜란드가 각각 3개를 차지했다. 업종별로는 자동차 분야가 13개 브랜드로 제일 많았다. 이중에서도 한국의 현대자동차는 앞으로도 예의 주시해 보아야할 가장 강력한 다크호스라고 할 수 있다.

가장 경쟁력이 있는 한국의 산업 중의 하나인 자동차 산업의 선두주자, 현대자동차가 지난번에 미국에 현지 생산 공장을 가동한 것은 한국 자동차 산업의 한 획을 새롭게 긋는 일이었으며 현대의 브랜드 파워를 높이는 중요한 계기가 된 것으로 판단이 된다.

연산 30만대 규모의 현지 공장은 한국의 최대 자동차회사의 세계 최대의 자동차시장이면서 전 세계의 일류 자동차 생산업체들의 완전 경쟁이 벌어지고 있는 미국시장으로의 진출이라는 면에서 글로벌화의 새로운 첫 걸음이다.

지금까지 한국 자동차업계는 단순 수출에 치중해 왔을 뿐 현지화를 통한 글로벌화에 적극적으로 나서기가 어려운 상태였다고 할 수 있다. 글로벌경쟁력을 충분히 갖추지 못한데다가 현지 진출에 따른 사업 위험을 감수할 만한 능력이 없었기 때문이었다. 그러나 한국자동차의 대외신인도가 상승된 데다가 현대. 기아차가 미국시장에서 7위로 부상할 만큼 급신장하고 있기 때문에 이제는 현지 진출을 통한 현지화와 글로벌화에 박차를 가해야 할 때가 된 것으로 판단이 된다.

오래 전에 일본과 유럽의 자동차 업체들도 미국에 현지공장을 세우고 경쟁력을 키워 나간 점을 상기해 볼 때 현대자동차의 미국 진출은 새로운 시도로써 한 단계 높은 자동차 산업의 발전을 위해서 나아가야 할 길인 것이다.

일반적으로 기업은 국내 지향적 기업, 해외 지향적 기업, 현지 지향적 기업, 그리고 세계 지향적 기업으로 발전해 가는데 현대자동차의 미국 현지 진출은 3단계로의 진입을 의미하게 되는 것이다. 한국의 많은 기업들이 3단계로 진입했으나 자동차 산업처럼 대규모 투자를 통한 현지진출의 경우는 드물었다. 이제 명실공히 자동차 산업의 현지화를 거쳐 세계 기업으로 성장하게 위한 모멘텀을 마련하고 있다고 보기 때문에 우리 모두 격려를 보내야 할 것이다.

'포니'가 북미시장에서 인기를 얻고 있었던 1989년 현대차는 캐나다에 현지 공장을 세웠다가 판매실적이 부진함에 따라 1993년에 철수했던 뼈아픈 경험이 있다.

다른 나라에서 경영을 하여 성공한다는 것은 우리나라에서 경영하는 것보다 몇 배나 더 어려운 일이다. 삼성전자, LG전자와 현대자동차가 당당히 세계 100대 브랜드 안에 들어갔다는 것은 국제사회에서 한국의 위상을 그만큼 높이는 계기가 되리라고 믿는다.

08 창조적 경영을 하기 위한 전제조건

최근 들어 창조 경영이 경영자들에게 아주 중요한 화두가 되고 있다. 특히 한국 기업이 샌드위치 신세를 벗어나 최고의 글로벌 기업이 되기 위해서는 다른 기업의 모방 차원을 뛰어넘는 새로운 창조력이 필요하다는 것이다. 특히 지역, 문화, 인종이 복합적인 글로벌 마켓에서 경쟁해야 하는 기업의 경우, 국내 시장만을 대상으로 하는 기업과는 경영 시스템이 다를 수밖에 없고 달라져야만 한다.

무엇보다 개개인의 자율과 창의를 최대한 발휘할 수 있는 경영 시스템의 구축을 통해 모든 직원들의 손과 발은 물론 머리를 활용할 수 있어야 한다. 더구나 최근의 정보통신혁명은 '통제의 범위(span of control) 내에서 조직을 구성 한다'는 관료적 조직 원리를 파괴하고 이메일과 인터넷 등은 공간과 시간, 그리고 직급을 뛰어넘어 수많은 사람들이 동시에 커뮤니케이션을 할 수 있도록 하고 있다.

그렇다면 글로벌리제이션과 정보통신 혁명 등으로 급변하는 경영환경에 대처하는 동시에 자율과 창의가 발휘되는 창조적 기업이 되기 위해서는 어떤 조직을 지향해야 할 것인가.

첫째, 벽 허물기를 통해 벽 없는 조직(boundaryless organization)과 문화를 만들어 나가야 한다. 부서간의 벽, 직원과 관리자의 벽, 지역 간의 벽, 인종간의 벽을 허물면 직원들은 스스로 사고하고 자신의 의견을 밝히며 상사는 이를 듣게 된다. 모든 직원들의 두뇌가 기업의 성장에 기여할 수 있게 되고, 이를 통해 직원들 스스로의 성장으로 이어진다.

둘째, 기업 내부에서 반드시 개선하여야 할 중요한 경영과제 중의 하나는 사내커뮤니케이션의 활성화이다. 기업의 궁극적인 목표는 이윤극대화를 이루는 데 있다. 기업이 이윤을 극대화하기 위해서는 생산과 판매를 비롯해 재무, 인력 등 많은 경영 요소들이 유기적으로 결합돼 내적으로는 생산성을 향상시키고 서비스의 질을 높여야 하며 외적으로는 고객을 만족시켜야만 한다.

제품을 생산하면 비교적 쉽게 팔 수 있었던 과거 '판매자 중심의 시장'에서는 기업들의 경쟁에 대한 부담은 상대적으로 적었지만 1970년대 이후 세계시장 구조가 변화하고 국제화, 세계화가 가속되면서 시장은 '소비자 중심의 시장'으로 변했으며, 이러한 시장상황에서 기업은 한층 더 긴장하지 않으면 안 되게 되었다.

경쟁상황이 격화되면서 기업들은 내부적으로 보다 효율적으로 단합된 힘을 모아야 한다는 것을 인식했으며, 기업의 규모가 대형화되면서 내부의 힘을 효율적으로 모으는 것 또한 쉽지 않다는 것도 인식하게 됐다.

한편 커뮤니케이션 학계의 저명한 학자인 스캐넬(Scannell) 교수는 그의 저서 '리더쉽을 위한 커뮤니케이션'에서 영리, 비영리 단체의 조직원을 대상으로 실시한 연구를 발표했는데, 동일한 언어와 문화 속에서 조직원 상하간 커뮤니케이션의 전달이 최대 70%를 넘지 않는다고 밝혔다.

이것은 기업이 커지면 커질수록 계층도 늘어나기 마련이고 많은 계층을 사이에 두고 최고 경영층과 직원간의 효율적인 커뮤니케이션이 얼마나 어려운 것인지를 보여 준다. 따라서 경영자들은 어떻게 하면 계층 간의 커뮤니케이션 전달효율을 높여 회사의 힘을 한 곳에 집중시킴으로써 경쟁력을 높일 수 있는 커뮤니케이션 시스템을 갖출 것인지에 대해 연구해야 한다.

선진국의 기대한 다국적 기업들은 이러한 이유로 기업의 커뮤니케이션 시스템을 점검하고 자기 회사의 특성에 맞는 커뮤니케이션 시스템을 개발하고 유지하는 데 많은 돈을 들이고 있다. 일반적으로 '기업 커뮤니케이션'은 크게 '사외 커뮤니케이션'과 '사내 커뮤니케이션'으로 나뉜다. 이 중 후자는 직원 전체의 커뮤니케이션을 지칭하며 이때 직원은 가족을 포함하는 의미로 볼 수 있다. 즉 회사의 직원과 그 가족 모두가 가장 빠른 시간 내에 회사의 가장 정확한 정보를 공유하고 이해하여 회사라는 커다란 배의 노를 함께 저어 힘을 모을 수 있도록 하는 노력이 바로 사내 커뮤니케이션이며, 이러한 사내 커뮤니케이션을 통해 기업은 앞서 예로 들었던 공룡 멸종이야기와 스캐널 교수의 단계별 전달율 연구 결과에서 주는 시사점을 극복하고 경쟁력을 높일 수 있게 될 것이다.

세계적인 기업들이 과거 등한시했던 기업 커뮤니케이션, 특히 사내 커뮤니케이션에 많은 비용과 노력을 들이고 있는 이유가 바로 여기에 있는 것이다.

GE의 잭 웰치 전회장은 '열 번 이야기를 할 때까지는 한 번도 이야기한 것이 아니다'라고 강조했는데 이것은 바로 커뮤니케이션이 얼마나 어려운 것인가를 입증하는 이야기가 아닌가 한다.

따라서 창조적인 경영을 하기 위해서는 조직도 유연해져야 되지만 조직원들 상호간의 커뮤니케이션이 활성화될 수 있는 문화를 형성하는 것이 매우 중요하다.

경영 09 / 최고의 마케팅은 고객의 입을 통하는 것이다

　　기업의 성공은 마케팅에 달려있다고 해도 과언이 아니다. 성공의 가장 중요한 마케팅을 가장 확실하게 해주는 사람은 바로 고객이다. 예전처럼 소비자들을 상대로 물건을 팔러 다니던 회사 영업사원의 영향력은 줄어들고 이제는 남들보다 먼저 제품을 구입해서 사용해 본 고객들의 경험담이 다른 잠재고객들에게 큰 영향을 미친다. 또 고객 스스로 인터넷 가격 비교 사이트에서 사용후기와 가격을 따져보고 제품을 구입한다. 구전의 통로로 자리 잡은 인터넷을 무대로 고객들이 스스로 시장을 형성해 나가는 것이다.

　　이처럼 네티즌들이 만들어 가는 인터넷 환경을 웹2.0이라고 하는데 쉽게 말하면 고객들의 참여가 있는 일종의 생태계다. 사업자는 열린 공간만을 제공할 뿐이고 고객들은 열린 공간에서 자기 의견을 글이나 사진, 영상 등 다양한 형태로 올리고 다른 사람과 생각을 공유한다. 다시 말해 사업자는 고객들이 서로 커뮤니케이션을 더 쉽고 활발히 할 수 있도록 여건을 만들어주는 역할만을 수행한다. 현재 우리나라뿐만 아니라 전 세계적으로 인터넷의 생활화가 진전되면서 웹2.0은 글로벌한 트렌드로 자리 잡아가고 있다.

웹2.0시대로의 변화는 기업들에 큰 시사점을 주는데 가장 중요한 변화는 히트상품을 만드는 동력이 기업의 마케팅 능력에서 고객들의 활동량으로 넘어갔다는 것이다. 이렇게 고객의 참여가 중요해지는 소비환경을 소비2.0이라고 부른다. 그렇다면 소비2.0시대에 효과적인 마케팅 전략은 무엇일까?

삼성경제연구소의 백창석 연구원의 연구에 따르면

첫째, 소비2.0 시대에서 가장 기본적인 전략은 '이야기(story)'를 만드는 것이다. 앞으로 기업이 성생력을 갖기 위해서는 고객에게 꿈과 감성을 심어줄 수 있어야 하는데 그것은 이야기를 통해 이루어진다는 것이다. 웹2.0 시대에서 흥미로운 이야깃거리는 입 소문을 통해서 빠르게 확산된다. 따라서 제품을 효과적으로 홍보하려면 사람들의 호기심을 끄는 이야기를 만들어내야 한다.

두 번째 전략은 온라인과 오프라인을 연계하는 것이다. IT업계 최고의 블루칩으로 떠오른 애플(Apple)의 성공 비결 중 하나는 제품과 웹사이트를 연결시켰다는데 있다. 아이팟(iPod)이 대히트를 하게 된 이면에는 '아이튠즈(iTunes)' 라는 사이트의 역할이 매우 컸다고 한다. 아이튠즈는 애플이 합법적으로 음악을 제공해주는 음악 다운로드 사이트인데 아이튠즈는 미국 음악 다운로드 서비스 시장의 70%를 점유

하고 있다.

　사람들은 아이튠즈에서 음악을 다운로드 받아야만 가장 좋은 음질로 아이팟을 즐길 수 있다는 것을 알고 있다. 그리고 아이튠즈의 음악파일을 듣기 위해 사람들은 아이팟을 사게 되는 것이다. 온라인 서비스의 성공을 오프라인 제품과 연계시켜 서로가 서로를 끌어들이는 선순환 구조를 만들어냈다.

　출판업계도 이와 비슷하다. 요즘 출판사들은 온라인에서 유명해진 블로그의 콘텐트를 책으로 엮어내는 일이 많다. 이런 책을 블룩(blook, blog와 book의 합성어)이라고 부른다. 일정 수준의 콘텐트가 확보되어 있는데다 네티즌 독자의 판단을 이미 거쳤다는 점에서 블룩은 출판사에 큰 매력이 아닐 수 없다.

　세 번째는 신제품 개발에 고객을 참여시키는 것이다. 인터넷을 활용하여 고객 즉, 광대한 외부 지식을 동원하면 회사 하나가 이룰 수 있는 것보다 훨씬 더 큰 성과를 낼 수 있다. 고객들은 활발하게 자신의 의견을 개신하고 신상품개발에 참여하게 되며 그렇게 출시된 제품에 대해서는 적극적으로 홍보를 하게 된다는 것이다.

　네 번째 전략은 제품을 다양화하는 것이다. 보통 일부 고객들만 찾는 이른바 마니아용 제품은 매장에 잘 진열되지 않는다. 매출규모가 그리 크지 않기 때문이다. 그러나 십인일색이던 고객의 개성이 일인십색으로 변한다는 소비2.0시대에는 마니아용 제품이라도 다양하게 구비할 때 많은 수익을 올릴 수 있다. 국내의 펀숍(fun-shop)이라는 인터넷쇼핑몰은 디자인이 독특한 마니아용 상품을 다양하게 준비한 곳으로 유명하다. 이 쇼핑몰에는 색다른 제품들이 수두룩하다. 다양하고 독특한 상품 구색은 인터넷상에서 입소문으로 퍼져 많은 사람들의 관심을 유발했고 일반 쇼핑몰보다 높은 매출 신장을 거두고 있다. 가랑비에 옷 젖는다는 말이 들어맞는 세상이 바로 소비2.0시대라는 것을 말해주고 있다.

인터넷 시대를 살아가면서 인터넷을 통한 마케팅 방법을 잘 활용하지 못한다면 참으로 어리석은 일이 될 것이다.

그래서 인터넷을 잘 활용하여 고객들이 회사와 상품을 입소문 내게 하는 전략을 다시 한 번 정리해 볼 필요가 있는 것이며 개인의 브랜드 가치를 높이기 위해서도 이러한 타인의 입을 통한 구전광고 전략은 유효한 것이라는 것을 염두에 두고 생활 하면 개인의 성공에도 도움이 될 것이다.

경영 10 / 상대방 머릿속에 각인될 자신의 브랜드가치를 높여라

　기업이든지 개인이든지 브랜드는 매우 중요하다. 브랜드 자체가 뿜어내는 힘이 대단하기 때문이다. 기업의 브랜드 이미지가 얼마나 강하냐에 따라서 새로운 제품을 시장에 내 보내는 데 드는 마케팅비용이 크게 차이가 나기 때문이다.

　그 기업이 가지고 있는 브랜드의 인지도에 따라서 고객들의 마음이 수시로 변하는데 이러한 현상은 개인의 브랜드도 마찬가지이다. 그래서 기업들은 브랜드를 구축하기 위해 모든 수단을 다 동원하는 것이다. 브랜드를 구축하는 일은 '종합예술'이다. 기업과 제품의 핵심 감정을 최대한 표현해내고 이를 통해 고객의 취향을 변화시켜야 한다. 그 수단과 방법은 매우 다양하고, 높은 수준의 창의성도 요구된다. 세계적인 브랜드 권위자인 데이비드 아커(David A. Aaker) 교수는 브랜드란 단순한 제품의 이름 이상이라고 했다. 브랜드는 고객의 충성도, 기업의 인지도, 제품에서 인지되는 품질, 연상되는 이미지 등이 모두 포함된 기업의 중요한 자산(brand equity)이다 브랜드만 보고 제품을 선택할 정도로 브랜드가 가지고 있는 영향력은 매우 크다. 특히 중국 등 신흥시장의 제품들이 물밀 듯 몰려오는 오늘날 세계시장에서 살아남기 위해서는 가격 이상의 무엇이 필요하며, 그것은 결국 브랜드 파워다. 따라서 기업들은 제대로 된 브랜드를 구축하기 위해 다양한 노력을 하고 있다. 브랜드 전쟁시대라고 불릴 정도로 경쟁은 치열하다. 1980년대에는 제품이 만들어지는 대로 팔려나가던 시대였다. 그야말로 판매자 중심시장이었던 것이다. 이런 시대에는 브랜드가 별로 중요하지 않았으나 1990년대에 들어서면서 '브랜드 붐'이 일어나기 시작했다.

이 시기에는 제품이나 서비스와 무관하게 '기업 이미지'를 홍보하는 브랜드 구축이 전성기를 이뤘다. 당시의 정보 전달은 기업에서 소비자라는 한 방향으로만 이루어지던 매스미디어 시대였기 때문에 상당한 효과를 거뒀다. 하지만 2000년대 들어서면서 상황은 크게 바뀌었다. 인터넷이라는 새로운 매체가 보급된 것이다. 인터넷은 소비자에게 선택권을 부여했다. 소비자는 자신이 원하는 정보를 '검색'이라는 수단으로 쉽게 획득했고 기업으로부터 일방적인 정보를 강요당하는 입장에서 해방됐다. 한마디로 소비자 중심시장이 된 것이다.

이러한 흐름 속에서 기업은 어떻게 브랜드 전략을 전개해야 해야만 경쟁력을 지니고 시장에서 경쟁우위에 서게 될 것이지를 심각하게 고려하지 않으면 안 된다고 할 수 있다.

무엇보다도 좋은 브랜드를 만들고 유지하려면 회사의 핵심 가치를 높은 수준으로 끌어올려야 한다. 핵심 가치를 가진 브랜드라야 제대로 된 힘을 발휘하기 때문이다. 핵심 가치의 가장 기본이 되는 것은 제품의 성능이다. 이는 고객들이 느끼는 일차적인 가치다. 따라서 고객에게 좋은 점수를 얻으려면 내구성 실험과 품질관리, 제품의 기본 성능을 유지하기 위한 기초연구에 심혈을 기울여야 한다. 그리고 외부에 퍼져 있는 기업에 대한 정보를 관리할 수 있는 능력이 필요하다. 인터넷 시대에는 기업에 대한 모든 정보가 수많은 사람들에게 전달된다. 정보에 의한 파급효과 또한 매우 크다. 만일 기업의 이미지를 해치는 나쁜 정보가 퍼지게 되면 이에 대한 악영향은 심각하게 확산되기 때문이다.

트렌드에 맞는 광고와 PR를 통해 강한 브랜드를 구축하는 것이 필요하다. 광고는 브랜드를 구축하는 가장 직접적인 방법이다. 웹2.0 시대에는 블로그 등을 이용한 쌍방향 커뮤니케이션이 중요한 광고 전략이 되고 있다. 고객들은 적극적인 참여를 통해 제품에 대한 관심과 애정을 만들어 나간다. 구매를 할 때에도 인터넷에 올려진 다른 고객의 평가를 보고 의사결정을 한다. 따라서 인터넷상에서 고객의 참여를 최대한 유도하는 것이 웹2.0 시대의 적절한 광고전략이다. 차별화된 브랜드 가치를 창조해야 하는 것도 필요하다.

철저한 시장조사와 응용연구를 통해 타 제품과 분명한 차이를 낼 수 있어야 한다. P&G가 대표적인 예다. 팸퍼스 기저귀는 초기에 '빠른 흡수'에 포커스를 맞춰 개발했다. 그러나 그들은 부모들과의 심층대화를 통해 새로운 사실을 알게 됐다. 기저귀의 흡수 능력은 뛰어나지만 이것이 아이들이 배변을 조절하는 능력을 키우는 데는 문제가 되고 있다는 것이다. 부모들이 원하는 가치는 아이들의 배변교육이었다. 그들은 2분 동안 축축한 느낌을 줘서 아이들이 스스로 배변훈련을 할 수 있도록 제품의 콘셉트를 바꿨다. 타깃 고객인 부모에게 또 하나의 메리트를 제공함으로써 브랜드의 가치를 높인 것이다.

　이와 같이 브랜드를 만들어내는 일은 매우 복잡한 작업이다. 그러나 한 가지 분명한 것은 브랜드 가치의 결정 주체가 바로 고객이라는 점이다. 기업이 오랜 기간 고객과 쌓아온 신뢰야말로 브랜드 파워의 원천이 된다. 따라서 브랜드 구축은 고객을 아는 데에서 시작돼야 할 것이다. 고객이 무엇을 말하고 무엇을 원하고 있는지 파악하는 것이 브랜드를 만드는 첫걸음이다

　개인도 마찬가지이다. 누구나 남들로부터 인정을 받고 싶어 한다. 타인이 자신을 일정한 수준이상의 확실한 사람이라고 인정해 주는 것을 원하지 않는 사람은 없을 것이다. 하지만 이렇게 인정받기 위해서는 꼭 갖추어야할 필수 요소가 있는데 이것이 바로 퍼스널 브랜드(Personal Brand)이다. 퍼스널 브랜드는 자신의 생각, 태도, 그리고 행동 방식 등을 하나의 약속으로 만들어 자신과 타인에게 명확하게 제

시하고 그것을 성실하게 이행함으로써 얻어지는 결과를 말하게 된다. 즉 타인의 머릿속에 남는 자신에 대한 전반적인 이미지라고 할 수 있을 것이다.

타인 머릿속에 각인 될 자신의 브랜드가치를 높이려면, 강한 의지와 함께 구체적이고 현실적인 전략이 반드시 필요하다.

퍼스널 브랜드가 잘 형성되어 있는 사람이 그렇지 못한 사람보다 인생에서 성공할 확률이 높은 것은 어쩌면 당연한 일이다. 많은 사람들에게 좋은 인상과 강력한 이미지를 주기 위해서는 자신만의 강점과 단점을 잘 파악하여 단점을 보안하고 장점을 강화시키는 부단한 노력이 필요하게 된다. 이런 사람이 되겠다고 결심했으면 그 결심이 현실로 이루어질 때까지는 끝없는 노력을 경주해야만 하는 것이다.

개인도 인생에서 보다 큰 성공을 하려면 자신만의 브랜드를 확고하게 하는 전략이 필요하다. 목표를 분명히 하고 목표달성을 위한 노력을 지속적으로 하는 바탕 위에 자신만의 브랜드를 만들어 나가는 작업은 성공을 위한 키워드가 될 것이다.

경영 11 / 현실에 안주하는 기업이나 개인에게는 미래가 없다

　누구나 편안하기를 원한다. 인간은 안정을 추구하는 동물이기 때문에 대부분의 사람들은 균형이 깨지는 것에 대해 위기감을 느낀다. 기업도 마찬가지다. 기업이 당면한 불확실한 상황을 얼마나 빠르게 제거해 낼 수 있느냐 하는 것이 리더의 중요한 덕목으로 여겨지고 있다.

　폐쇄된 사회에서 획일화된 체제에 맞춰 살아가던 시대는 이미 지나갔으며 지금은 정보와 자본이 국경을 자유자재로 넘나들고 있고 소비자의 욕구(needs)는 급격하게 변하고 있으며, 경쟁자들은 끊임없는 혁신과 M&A(인수합병)를 통해 경쟁력 싸움을 하고 있다. 시장은 끊임없이 흔들리고 있는 것이다. 1970년대 美 유통업계 군림하던 시어즈 그룹은 시대 변화를 못 읽어 월마트 등에 무참히 무너져 버렸다. 변화의 벽을 넘지 못했기 때문이다.

　세계 최고층(最高層)을 자랑하던 시어즈타워(Sears tower, 1974년 미국 시카고에 완공된 110층 빌딩)가 상징하듯, 시어즈는 1970년대까지만 하더라도 미국 유통업계의 맹주로 군림해왔다. 카탈로그에 의

한 통신판매와 중산층 대상 쇼핑몰 사업을 통해 독보적인 위치를 확보하고 있었다. 또 미국 전역에 퍼져 있는 거대한 유통망을 관리하는 물류 조직 구조는 성공적인 모델로서 많은 연구 대상이 됐다.

시어즈는 사업모델의 안정성에 대한 확신을 가지고 있었다. 그러나 시어즈가 놓치고 있던 게 한 가지 있었다. 그것은 미국 경제에 일고 있는 작은 변화였다. 1970년대 미국은 경기가 둔화되고 신흥 공업국들이 부상함에 따라 국민의 소득 수준이 양극화되기 시작했다. 한편 중소도시 저소득층의 소비 욕구는 쌓여가고 있었다. 월마트(Walmart)는 이러한 변화를 깨닫고 지방 중소도시를 중심으로 저가(低價) 할인매장을 확대해 갔다. 홈데포(Home Depot)도 특화되는 소비자 욕구에 맞게 가정용품 전문매장에 집중하면서 세력을 계속 확장했다.

그러나 시어즈는 1980년대가 지날 때까지 부분적인 다운사이징, 매장관리 개선 등의 작은 노력만 했을 뿐 근본적인 행동을 취하지 않았다. 시어즈가 상황이 변했다는 것을 인식하게 되었을 때는 이미 경쟁 유통업체들이 시장의 상당부분을 잠식한 뒤였다. 변화하는 소비자의 성향에 맞추기보다는 그 동안 자신이 이루었던 성공모델을 고수한 것이 문제였다.

결국 이러한 자세는 1990년대 찾아온 만회의 기회마저 놓치게 만들었다. 정보통신 기술이 태동하면서 시어즈가 100년 동안 이어온 통신판매 사업은 인터넷 쇼핑을 통해 새로운 활로를 찾을 수 있게 되었다. 그러나 시어즈는 정반대 방향으로 가고 말았다. 만회의 기회를 포착하지 못한 데 그친 게 아니라 급기야는 1996년에 카탈로그 통신판매에서 철수하는 결정을 내리고 만 것이다. 기존의 조직과 유통망, 그리고 통신판매 노하우를 잘 활용했다면 현재의 아마존닷컴(Amazon.com)을 능가할 정도로 성장할 수 있었던 기회를 놓친 것이다.

시어즈의 사례는 불확실성과 불균형에 대한 대응력이 없을 때 어떤 행보를 하게 되는지를 보여준다. 불균형은 변화의 잠재력이 가득한 상태이다. 따라서 이를 잘 활용한다면 새로운 성장의 활로를 찾을 수 있게 된다.

불확실성과 불균형에 적응하기 위해서는 무엇보다 변화의 흐름을 정확히 감지해야 하며 머뭇거림 없이 빠르고 과감한 행동으로 이어져야 한다.

생태계를 보면 불확실성, 무질서를 앞서 받아들인 생물만이 오래 생존한다. 비즈니스의 세계도 마찬가지다. 불확실성과 무질서에 대응하는 태도에 따라 기업의 운명은 바뀔 것이다. 변화무쌍한 환경 속에서 살아남기 위해서는 불확실성에 익숙해져야 한다. 역설적으로 안정, 균형, 질서, 확실성 등은 오히려 위기의 전조가 될 수 있다.

돌궐제국의 명장 톤유쿠크는 "성을 쌓고 사는 자는 반드시 망할 것이며 끊임없이 이동하는 자만이 살아남을 것"이라고 했다. 주변의 안정과 균형 속에서는 시야가 흐려진다. '신(神)'이 누군가를 멸하려 할 때에는 먼저 그의 눈을 멀게 한다.'는 서양 격언의 의미를 되새겨봐야 할 것이다.

따라서 경영자는 늘 눈과 귀를 열고 세상의 흐름과 변화를 느끼도록 해야만 한다. 자기만의 성안에 안주하는 순간 이미 기업의 경쟁력은 떨어지기 시작하며 위험에 빠질 가능성은 높아지는 것이다. 국가의 경쟁력과 개인의 경우도 예외가 될 수 없다.

따라서 우리는 늘 현실에 안주하지 말고 변화를 직시하고 끝없이 변화하는 노력을 해야만 하는 것이다.

경영 12 / 남의 장점을 모방하고 개선하면 자신만의 경쟁력이 생긴다

　세상의 모든 새로운 아이디어들은 스스로 하늘에서 떨어지듯이 '짠' 하고 나타나지 않는다. 무엇인가 과거에 있던 것들 중에서 개선되거나 연관된 새로운 아이디어가 결합되어 생기게 된다. 이렇게 과거의 어떤 것에서 새로운 아이디어를 얻게 되는 것을 '벤치마킹' 이라고도 하고 '모방' 이라고도 할 수 있을 것이다.

　경영의 경우도 마찬가지이다. 요즈음 세계적인 기업들 사이에서는 'Innovation through imitation(모방을 통한 혁신)' 이라는 개념이 유행하고 있다.

　경영난에 빠진 미국 자동차업체 포드(Ford)의 CEO(최고경영자)로 취임한 앨런 멀럴리(Mulally) 전 보잉 부사장은 '모방을 통한 혁신(innovation through imitation)' 을 강조하는 사람으로 유명하다. 그는 보잉에서 성공을 거둔 '린(lean) 생산 방식' 을 포드에 도입하는 데 주력하여 낮은 비용으로 최적의 생산을 가능하게 하였다. 원래 이 방식은 도요타 자동차가 원조인데 항공회사가 도입하고 다시 자동차업체가 배우는 셈이다. 보잉은 도요타 생산방식뿐 아니라 GE의 직원교육시스템도 모방했다. 미국 세인트루이스에 있는 보잉의 '리더십센터'는 GE의 연수원인 크로톤빌을 모방하고 개선하였다. 보잉사는 직원들에게 도전적인 업무를 맡겨 역량을 키우는 인재육성 방식을 활용하는데, 이 방식은 GE가 크로톤빌 연수원에서 쓰고 있는 '도전적 목표 설정(stretch goal)'에서 배운 것이다. 보잉의 교본이 된 GE 역시 모토롤라에서 시작된 '6시그마'를 도입해 최고의 경영혁신기법으로 발전시킨 모방의 대가로 평가받고 있는 것이다.

업종이 다른, 자동차와 항공기 업체 간의 '상호 학습(mutual learning)'은 새삼스런 현상이 아니다. 업종과 기업규모를 가리지 않고 좋은 시스템을 발굴해 모방하고, 이를 통해 생산성을 향상시키는 '모방을 통한 혁신'은 광범위하게 진행되고 있다. 세계 최대 알루미늄 생산업체인 알코아(Alcoa)의 '작업 중 사고 방지 프로그램'은 미국 병원들로 전파됐다. 병원들은 모든 사고를 실시간으로 보고해 사고원인을 철저히 조사하는 알코아 시스템을 도입해 병원 내 감염 등 한번 발생한 의료사고의 재발을 막고 있다.

조선업체는 선박 엔진의 추진력을 높이기 위해 항공사 엔진 제조업체를 벤치마킹하고 있으며 자동차 딜러가 서비스 수준을 높이기 위해 메리어트 등 특급호텔의 서비스교육 프로그램을 배우고, 병원이 환자 안전을 강화하기 위해 핵발전소의 안전규정이나 해군의 훈련규정을 참조하고 있다. 미국의 대형 병원들은 수술실에서 '이유가 있으면 멈춘다(the pause for the cause)'는 원칙을 준수하고 있다. 환자의 병력(病歷)과 수술의 진행 상태를 면밀히 관찰하던 의료진들 중 누구라도 문제를 발견할 경우 수술을 중단시킬 수 있다는 것이다. 중단된 수술은, 발견된 문제가 해결된 뒤에야 재개된다. 자동차를 만들다가 하자를 발견했을 경우 누구든 생산라인을 멈출 수 있는 도요타 방식을 빌린 것이다. 다른 업종 간의 모방이 쉽게 일어날 수 있는 것은 모방 기업이나 피(被) 모방 기업이 서로 같은 시장을 놓고 싸우는 경쟁자가 아니기 때문이다.

선두업체들은 같은 업종의 후발업체들에게는 핵심 경영 노하우를 공개하기 꺼리는 경향이 있지만, 다른 업종의 업체들에 대해서는 경계심을 품지 않는 게 보통이다. 바이엘, BP, IBM, GE 등 글로벌 기업들은 아예 모방을 상시화하자는 취지에서 서로를 지속적으로 배우기 위한 컨소시엄을 만들었다. 모방이 일회성으로 끝나지 않도록 하기 위한 것으로, 각자가 갖고 있는 핵심 역량에 서로의 장점을 더하자는 취지에서 출발한 것이다. '모방을 통한 혁신'은 남의 것을 베끼는 데 그치지 않고, 자신의 것으로 소화해 더욱 발전시킨다는 점에서 단순한 표절과는 다르다. 또 상품 자체를 베끼는 게 아니라, 비용을 줄이고 효율성을 높일 수 있는 시스템을 발굴하려는 노력이기 때문에 모방보다는 혁신에 가깝다.

모방을 통한 혁신에 성공하기 위해서는 항상 배우겠다는 겸손한 자세를 갖추고, 객관적인 자기 평가와 분석을 통해 무엇을 배울지 명확히 해야 한다. 무턱대고 선진적인 제도라면 가리지 않고 배우려다가는 자신의 핵심 경쟁력마저 잃기 쉽기 때문이다. 모방을 통한 혁신에 성공한 기업들의 공통점은 자신에게 가장 중요한 역량, 즉 핵심역량이 무엇인지를 쉽게 파악하는 능력을 갖고 있다는 것이다. 자사의 조직과 제품 프로세스를 철저히 분석하고 명확하게 이해하지 않고서는 남의 것도 배울 수가 없기 때문이다. 또 타 기업에서 배운 노하우를 자사의 실정에 맞게 변형해 적용하기 위해서도 자사에 대한 이해가 필수적이다.

학습은 끊임없이 자신의 부족함을 인정하고, 현실에 안주하지 않으려는 자세를 필요로 한다. 타인과 미래 앞에 겸손하지 않다면 배움은 불가능하다. 글로벌 기업들은 모방학습의 대상에 귀천(貴賤)을 가리지 않는다. 항시 눈과 귀를 열고 선진국의 초일류기업뿐 아니라 정부 등 공공부문, 중진국과 제3세계 기업의 동향까지 예의 주시하고 장점을 배운다. '모방을 통한 혁신'의 키워드는 끊임없는 관찰과 학습이다.

개인이나 기업이나 경쟁력을 끊임없이 제고시키기 위해서는 좋은 것이 있으면 겸손하게 받아드리고 자기에게 맞게 개선하려는 노력이 필요한 것이다.

경영 13 / 경쟁력제고를 위한 멘토링 제도의 도입

멘토링이란 제도가 많은 선진기업들에 의해서 도입되어 적용되고 있다. 원래 멘토링이란 인생의 스승이 제자를 잘 가르치고 이끌어 주는 것을 의미하나 직장에서는 직장내의 선배가 후배를 멘티로 맞아 1:1로 멘토링을 해 주면서 직장 내에서 경쟁력을 제고해 나갈 수 있도록 도와주는 제도이다.

원래 멘토는 고대 그리스의 이타카 왕국의 국왕이었던 오디세우스가 자신의 아들을 가르칠 스승을 수소문 끝에 찾은 사람의 이름이 '멘토'였고, 이 이름이 보통명사화 되어 쓰여지고 있는 것이다.

자신의 인생에서 자신이 존경하고 본받을 사람을 정하여 그 분을 벤치마킹하고 그분의 조언을 거름 삼아 더 큰 인물로 커 갈 수 있는 계기를 마련하는 것이기 때문에 참으로 바람직한 시스템이라고 할 수 있다.

이러한 멘토링 시스템이 미국의 선진기업들을 중심으로 기업에 적용되기 시작하면서 이 시스템은 많은 사람들의 관심을 끌기 시작한 것이다.

기업 내에서 멘토링 시스템이 잘 정착이 되면 선후배간의 세대 차가 좁혀지고 커뮤니케이션이 활성화되면서 기업의 경쟁력이 제고되는 긍정적인 측면이 있으며 신입사원들이 직장을 이직하는 비율을 현저하게 내려준다는 강점을 가지고 있다.

이 제도는 GE의 잭 웰치 회장이 CEO 양성에 적극 활용하면서 더욱 유명해졌다. 듀퐁과 같은 다국적기업들은 신입사원뿐 아니라 여성, 소수민족 등 다양한 계층의 직원들을 대상으로 하는 20여 개의 멘토링 프로그램을 운영할 정도이다.

우리 기업의 경우는 대부분 아직은 도입 단계이거나 자리를 잡아가고 있는 단계인 것으로 판단이 된다. 종래의 수직적인 선후배 관계에서 멘토링 제도를 통하여 핵심 인재 관리 시스템으로 전환해 가는 노력이 필요한 것으로 판단이 된다.

기업에서 멘토링 제도가 성공적으로 자리를 잡기 위해서는 다음과 같은 몇 가지 점을 유의해야만 한다.

첫째, 멘토링 시스템에 대한 분명한 이해와 목표를 가져야만 한다. 추상적인 목표가 아닌 구체적이면서도 명확한 목표가 설정되고 추진되어야 한다는 것이다.

둘째, 멘토와 멘티의 선정과 결연 시에 철저하게 파악하여 가장 적합한 사람들로 맺어지도록 한다는 것이다. 많은 경우가 시작은 하였으나 호흡이 맞지를 않아 지속되지 못하기 때문이다.

셋째, 가장 중요한 것은 멘토와 멘티 간의 약속이 잘 지켜지도록 상호간에 신뢰와 존경심이 바탕에 깔려야만 한다. 남을 올바르게 지도하고 이끌어 준다는 것은 그리 쉬운 일이 아니기 때문이다. 그래서 우선 멘토는 타인의 모범이 되는 사람이 되어야 하고 멘티는 존경심으로 멘토의 장점과 강점을 배우려고 해야만 한다.

넷째, 회사에서는 지속적인 Follow Up을 통해서 이 시스템이 잘 정착 될 수 있도록 지원을 아끼지 말아야 한다. 많은 기업의 경우 취지가 좋아서 시작은 하나, 용두사미가 되는 경우가 많은데 이렇게 되면 비용만 낭비하는 경우기 되기 때문이다.

기업에서 멘토링 시스템을 잘 활용하게 되면 기업뿐만이 아니라 멘토와 멘티 모두에게 도움이 되는 제도가 될 것이다.

기업의 계층 구조가 얇아지고 수평화 되고 비인간적인 분위기가 팽배해지면서 일대일 멘토링의 필요성이 두드러지게 되었다. 심지어 멘토링을 '미국의 경영 혁신'이라고 부르기도 했다. 기업이 치열한 경쟁에서 살아남아 번영하기 위해서는 기업 스스로를 쇄신하는 제도적 장치가 필요했던 것이다.

휴렛패커드의 로즈빌 사업부에서는 멘토를 원하는 직원에게 고위 관리자를 붙여주어 대중 연설법에서 협상 기술에 이르기까지 모든 분야를 코칭하게 한다. 직원들이 자신이 배우고자 하는 특정 기술을 선택하면 각자에게 적합한 멘토를 정해준다.

후계자 육성이나 전문 기술 전수 등을 위한 멘토링 프로그램을 개발한 회사도 많다.

뒤퐁Dupont의 멘토링 프로그램은 '조직의 기억력과 지적 재산의 보호'를 위해 고안된 것이다. 이 프로그램은 직원들이 관리자들의 기술과 경험을 자세하게 적은 기록을 보고 각자 자신의 멘토를 선택할 수 있도록 되어 있다.

많은 기업이 멘토링 제도를 도입해 모든 신입 사원이 체계적 멘토링을 통해 새로운 기술과 지식을 배울 수 있도록 하고 있다.

기업 내에서 멘토링 시스템이 잘 정착이 되면 선후배간의 세대차가 좁혀지고 커뮤니케이션이 활성화되면서 기업의 경쟁력이 제고되는 긍정적인 측면이 있으며 신입사원들이 직장을 이직하는 비율을 현저하게 내려준다는 강점을 가지고 있다.

개인이나 기업의 경쟁력제고를 위하여 멘토링 제도의 활용을 적극 추천한다.

경영 14 / 도요타가 두려워하는 한국 자동차 산업의 저력

세계자동차 시장은 급격한 변화에 휩싸여 있으며 미국자동차 시장의 아성을 일본이 무너뜨리면서 2006년 말 현재로 세계 1위로 등극했다. 일본의 도요타는 2002년 이후 4년 간 임금을 동결하고 50년 무분규 기록을 이어가고 있으면서 작년에 13조원이라는 사상 최대의 흑자를 기록하면서 세계 시장의 1위 자동차회사로 등극한 것이다. 참으로 부러운 일이다. 그동안 '자동차' 하면 미국이었던 것이 일본에게 그 위치를 빼앗기는 것이다. 세계 자동차 산업의 구도에도 엄청난 변화가 있을 것으로 예상이 된다.

이러한 도요타 자동차가 2007년 상반기에 일본 기업으로는 최초로 시가총액 30조 엔의 고지에 올라섰다. 달러로 환산할 경우 2500억 달러를 넘는 수치다. 이는 전 세계 기업 중 6위며 자동차 업계 판매대수 1위인 제너럴모터스(GM)의 13배에 달한다. 또 도요타의 시가총액은 한국의 대표기업 삼성전자(1042억 달러)에 비해서도 두 배를 훨씬 웃돌게 됐다. 일본 언론들은 "소비자의 욕구에 부합하는 기술을 앞서

개발하는 한편 합리적이고 노사 간 신뢰에 기반을 둔 기업문화가 이뤄낸 쾌거"라고 보도했다. 또 "도요타의 시가총액 30조엔 돌파는 일본 경제의 재도약을 상징적으로 보여주는 사건"이라고 전하고 있다.

2004년 말 약 15조 엔에 불과하던 도요타의 시가총액이 2년여만에 두 배로 껑충 뛴 배경은 과연 무엇일까. "세계시장의 흐름을 정확히 짚고 발 빠르게 움직였기 때문"이라고 전문가들은 분석하고 있다. 도요타는 일찍이 고유가 시대를 예상하고 저연비 성능 향상에 매진했다. 그 결과 세계 최대의 시장인 북미시장을 비롯해 전 세계 시장의 소·중형차 시장을 장악했다. 때마침 불어온 '엔저' 바람도 원군이 됐다. 환경을 중시한 하이브리드 승용차의 기술개발에도 일찍이 착수해 이 시장을 도요타의 독무대로 만들었다.

'잃어버린 10년' 후 찾아온 실적 회복에도 "월급 올려달라"는 말을 꾹 참고 견뎌온 도요타 직원들에게도 '대박'이 터졌다. 도요타는 2002년 당시 임원 및 평사원들에게 자사주를 주당 2958엔에 돌렸다. 많게는 1인당 죄고 2만 주를 구입할 수 있노록 했다. 주식을 처분하시 않은 직원들은 4년여 만에 1인당 1억764만 엔의 이익 실현을 한 셈이다.

자동차 산업은 기계공업의 꽃이라고 불린다. 모든 기계공업을 총망라한 작품이기 때문이다. 근래에 들어서면서 기계공업뿐만이 아니라 전자, IT산업이 가세하면서 자동차는 기계, IT 산업의 꽃으로 다시 태어나고 있는 국가의 최고 산업인 것이다.

이러한 자동차 산업이 한국에서도 뿌리를 잘 내리고 세계시장에서 강한 다크호스로 부상하고 있는 것은 참으로 자랑스러운 일이다.

현대자동차가 2004년 7월 28일자로 자동차 수출 1000만대라는 대기록을 세웠다. 누구나 부러워할 기록이다. 현대자동차의 '수출 1천만대 달성'은 불모지에서 일어난 한국자동차 산업의 쾌거로 평가할 수 있다. 지난 1968년 승용차 생산에 첫 발을 내디딘 현대차는 1976년 고유모델 포니를 수출하면서 자동차를 우리나라의 주요 수출품목으로 만드는데 결정적인 기여를 했다.

현대자동차는 최근 5년 동안 공격적인 해외마케팅을 전개하면서 수출 비중을 70% 이상으로 높였으며 이 같은 현대차의 역할로 한국은 지난해 총 3백17만8천대의 자동차를 생산, 세계 전체 시장의 5.5%를 차지하는 자동차 대국으로서의 위상을 굳히고 있는 것이다.

이러한 자동차 산업에서 세계 6위 국가라는 위치는 참으로 대단한 것이다. 이것이 바로 기업의 경쟁력이며 자생력이라는 것이다. 기업의 자생노력은 그야말로 피땀으로 뭉쳐진 결과라고 할 수 있다. 물론 정부의 적절한 지원도 있었을 것이다. 하지만 기업들의 피나는 노력이 없이는 이와 같은 업적은 도저히 불가능한 일인 것이다.

한국자동차의 글로벌 톱 5 진입은 꼭 달성이 되리라고 믿는다. 한국기업들이 지금까지 여러 가지 비판을 받으면서 성장해 왔지만 그 근간에는 기업가 정신이라는 버팀목이 있었기 때문에 가능한 것이다.

일본의 도요타 자동차 회장이 2006년 방한 중에 한 언론사와의 인터뷰에서 도요타 자동차가 미국의 GM과 포드를 제치고 세계 1위 기업으로 부상하게 될 것이라고 말하면서 자신들이 가장 두려워하는 추격자가 현대자동차라는 것을 언급한 적이 있다.

필자는 이러한 언급은 사탕발림이 아니라 진심으로 하는 우려의 목소리라고 믿는다. 한국 자동차 산업의 저력을 믿기 때문이다. 세계시장에서 싼 가격의 자동차가 아닌 고급승용차로서의 이미지를 제고하면서 선두그룹에 진입할 계기가 될 것으로 확신한다.

한국 자동차 산업의 고급화는 한국산업의 고도화를 의미하기 때문에 반도체 산업에 이은 또 다른 기쁜 소식이 될 것이다.

경영 15 한국형 할인점이 성공한 이유

　한국유통업계에서 가장 큰 화제는 역시 세계 최대의 할인점인 월마트의 한국 내 16개 점포를 이마트가 인수한 것과 이랜드 그룹이 세계 제2의 할인점인 까르프의 한국 내 전 점포를 인수했다는 것이다. 이 두 회사는 전 세계적으로 할인점 시장에서 1위와 2위를 하고 있는 업체들인데 한국에서 자리 잡지 못하고 철수하게 되었다는 것이 많은 사람들의 관심을 끌고 있는 것이다.

　우선 월마트는 전형적인 창고형 할인점으로 시작된 곳이다. 미국의 점포뿐만이 아니라 세계에서도 그들의 전략은 도심에서 벗어난 곳에 위치하여 넓은 매장에 마치 창고에서 물건을 고르는 듯한 느낌을 갖게 하는 분위기이다. 그러나 가격만큼은 다른 백화점이나 상점에서 사는 것보다는 훨씬 싸다는 인식을 주고 있는 것이 그들의 전략이다. 미국에서 이와 같은 전략은 실용적인 생활방식에 젖어 있는 미국인들에게 적중하여 엄청난 속도로 발전하였던 것이다. 월마트는 유통업계에서 1등 일뿐만이 아니라 전 세계에서 가장 매출액이 큰 회사로 발전하게 된 원동력이 바로 창고형으로 가격을 파괴하여 손님들을 유치하는 전략이었다.

까르프의 전략은 월마트하고는 약간 다르다. 기본적인 개념은 역시 대량 유통으로 가격을 할인하는 전략을 고수하면서도 고객이 원하는 것을 월마트보다는 더 충족시키려는 노력이 엿보이기 때문이다.

그러나 두 할인점은 한국인의 정서와 관습을 파악하는데 실패하였다. 한국의 고객들은 먼 곳까지 가서 쇼핑하는 것을 즐기지 않는다. 조금 더 주더라도 가까운 곳에 가서 편안하게 쇼핑하기를 원하며 창고형으로 상자 속에 마구 흐트러져 있는 상품을 꺼내서 사는 것보다는 깨끗한 분위기 속에서 상품다운 모습을 보이는 물건을 구매하기를 원한다. 여기에다가 한국인들의 할인점 구매에 가장 큰 부분인 신선식품에 대한 배려가 외국계 할인점의 경우는 아예 없거나 크게 부족한 것이 패인이었던 것이다. 즉 한국 소비자의 기호와 관습을 잘 이해하여 그들의 니즈를 충족시키는데 실패한 것이다.

반면에 이마트나 롯데마트의 경우는 도심 가까운 곳에 점포를 설치하고 할인점 분위기를 백화점에 버금가도록 꾸며 놓고 신선식품을 비롯하여 다양한 상품을 보기 좋게 진열하여 소비자들의 구매 의욕을 북돋았던 것이다. 거기다가 소비자들이 쇼핑뿐만이 아니라 각종 이벤트를 즐길 수 있는 시설까지 갖추었다는 것이 돋보인다.

경영학적으로 분석하자면 월마트나 까르프는 현지화에 실패한 것이다. 현지화는 세계화와 더불어 세계로 진출하면서 각 기업들이 현지의 고객을 정확하게 파악하여 그들의 니즈를 명쾌하게 만족시키는 작업을 말하는데 월마트와 까르프는 자신들의 세계화 전략에만 충실했던 것이다. 즉 '다른 시장에서 가능했으니까, 이 시장에서도 가능하겠지'라고 안일하게 생각하는 자세가 실패의 원인이었던 것이다.

요즈음 한국의 이마트가 중국시장에 진출하면서 빠는 속도로 현지에 적응하고 있는 사례에서 우리의 할인점 전략이 매우 돋보이고 있다.

이미트의 중국 내 현지화 전략의 중요한 점을 몇 가지 정리해보면

첫째, 신속한 다점포망 구축을 통한 원가 절감과 인지도 제고 전략으로서 가장 빠른 시간 내에 점포망을 여러 개 확보하여 규모의 경제를 실현하여 원가를 절감하면서 고객들로부터 높은 인지도를 얻어내는 전략이다.

둘째, 매일 매일 싸게 판다는 할인전략으로서 매일 매일 새로운 가격을 제시하여 고객들을 유인하는 전략이다

셋째, 소비자가 원하는 대로 파는 전략으로서, 상대방이 낱개로 원하면 낱개로 팔고 손질한 생선을 원하면 손질해서 파는 전략이다. 소비자의 니즈를 정확하게 만족시키려는 노력에서 나오는 것이다.

넷째, 매장은 밝게 다양한 편의시설을 제공하는 한국형 매장의 전개 전략으로서 매장의 분위기를 고급화시키고 가격은 낮게 유지하

고 다양한 편의 시설을 제공하여 고객들이 편안한 마음으로 매장을 찾게 하는 것이다.

다섯째, 앞서가는 정보시스템과 물류센터 확보 전략으로서 기업의 경쟁력을 높이기 위하여 정보시스템을 구축하고 물류비용을 대폭 절감하기 위한 효율적인 물류센터를 운영하는 것이다.

여섯째, 지역사회와 주민들과의 친화전략으로서 기업이 지역사회 발전에 도움을 주고 있다는 것을 알리고 지역주민과의 유대관계를 강화하기 위한 다양한 프로그램을 운영하는 것이다.

일곱째, 협력업체와의 상생주의(win-win)전략 등이 눈에 뜨인다.

위에 열거한 것 이외에도 다양한 전략을 구사하고 있는데 모두 현지화에 초점을 두고 있다는 것이 특징이다.

이러한 현지화 전략은 바로 고객만족 경영이라는 기본 마인드에 기본을 두고 있는 것이다. 우리가 무슨 일을 하더라도 늘 염두에 두어야 할 점은 바로 고객이 무엇을 원하는지를 명확하게 파악하여 그것을 만족시키는 노력인 것이다.

경영 16 자신의 경쟁력 제고를 위해 전력투구하라

독일의 심리학자 링겔만은 집단 속에서 개인의 공헌도가 얼마나 되는가를 측정하기 위한 실험을 했다. 링겔만은 줄다리기를 이용해서 실험을 했는데 아주 묘한 결과가 나왔다. 1대 1 게임에서는 개인이 쓰는 힘을 100이라고 가정할 때 참가자의 수기 늘어 날 때, 개인들은 상대적으로 어떤 힘의 반응이 일어나는 가를 실험한 것이다. 즉 집단 속의 개인의 공헌도를 측정하기 위한 것이라고 할 수 있다.

결과는 매우 놀라웠다. 2명이 참가할 때는 93으로, 3명이 참가할 때는 85로 줄었고 결국 8명이 참가할 때는 혼자 할 때의 절반에도 못 미치는 49로 줄었다. 즉 참가자들은 자신이 혼자일 때는 최선을 다하지만 집단 속의 일원이 되어 있으면 최선을 다하지 않는다는 것이다.

회사나 조직은 개인들이 각자 활동 할 때보다도 더 큰 힘을 발휘하는 시너지 효과를 기대하고 만드는 것인데 실제의 결과는 그렇지 못할 수 있다는 것이다.

아주 묘한 일인 것이다. 이러한 실험의 결과가 우리에게 주는 의

미는 조직의 힘을 극대화시키기 위해서는 특단의 조치를 취해야 한다는 것이다. 이러한 조치를 일반적으로 경영이라고 부른다. 경영을 어떻게 하느냐에 따라서 조직의 힘의 결합이 전혀 달라지는 것이다. 같은 밥과 반찬이 있더라도 누가 비비느냐에 따라서 비빔밥의 맛이 달라지듯이 경영도 마찬가지이다.

조직의 구성원의 입장에서 전체의 일원으로서 최선을 다하지 않으면 당장은 편안한 직장 생활을 하는 것 같아 보이지만 중장기적으로는 최선을 다하지 않은 자신의 노력이 결국은 자신의 경쟁력을 떨어지게 해서 자신의 몸값을 낮게 하는 결과를 초래한다는 것을 명심하여야 한다.

인생을 대신 살아 주는 사람은 없다. 자신의 길은 자신이 걸어가야 하는 것이다. 조직의 일원으로 있을 때 늘 주인의식을 갖고 주변을 둘러보고 자신의 경쟁력 제고를 위하여 최선을 다하는 사람이 반드시 성공하게 마련이다.

신세대 축구스타 박주영 군은 전체 훈련을 마친 후에도 14km 정도를 혼자서 공을 차면서 도는 훈련을 따로 한다고 한다. 축구천재는 태어나는 것이 아니라 스스로 노력하는 끈기로부터 시작된다고 할 수 있다.

인생에서 성공하는 사람도 마찬가지인 것이다. 얼마나 자신의 경쟁력을 높이기 위해서 전력투구하는 가가 중요한 것이다. 조직 생활을 할 때도 늘 자신의 역량을 100% 발휘할 수 있도록 자세를 가다듬는 것이 중요하다. 그것이 바로 조직을 살리고 자신이 크는 길이기 때문이다.

17 / 리더는 태어나는 것인가? 길러지는 것인가?

리더는 태어나는 것인가? 길러지는 것인가?

필자는 여러 사람들로부터 이러한 질문을 많이 받는다. 과연 리더는 태어나는 것인가? 아니면 길러지는 것인가?

정확한 답은 없겠으나 필자의 생각으로는 두 가지의 경우가 다 있다고 생각한다. 태어나는 리더가 있는 반면에 훈련과 자기 노력에 의해서 길러지는 경우가 있다.

가장 좋은 것은 타고 난 끼에 노력까지 합해 지는 경우라면 금상첨화(錦上添花)일 것이다. 하지만 이러한 사람은 의외로 적다.

석가모니 부처님이나 예수님과 같은 타고난 카리스마로 사람들을 이끄는 타고난 리더가 있는 반면에 일반적으로 대부분의 리더는 훈련에 의해서 길러지고 있는 경우가 많은 것 같다.

멋진 리더십을 발휘해서 많은 사람들로 존경을 받았던 루디 줄리아니 전 뉴욕시장은 그의 리더십원칙을 다음과 같이 6가지로 정리하고 있는데 평소 필자의 의견과 일치하는 부분이 많아 정리해 보고자 한다.

첫째, 강한 신념체계를 구축하라는 것이다. 자신이 무엇을 믿는지 알아야 하고 인생의 지침과 목표를 분명히 가져야만 한다. 당신의 삶에 가장 중요한 것이 무엇인지 발견하는 데 초점을 맞춰라. 그렇게 하면 좀 더 집중할 수 있고 더욱 강한 사람이 될 수 있다.

둘째, 낙천주의자가 되라는 것이다. 올바른 동기, 희망, 꿈, 비전, 열망을 가지고 문제를 해결할 수 있는 낙천주의자가 되라는 것이다. '나를 따르라'라고 이야기하는 낙천주의자가 되라. 사람들은 낙천주의자를 좋아한다. 낙천주위는 사람들을 끌어당기는 자석과도 같기 때문이다.

셋째, 용기를 보이라는 것이다. 용기는 두려움이 없는 상태가 아니라 당신이 반드시 해야 하는 일에 대한 두려움과 위험을 잘 관리하는 것이다. 용기 있는 리더를 사람들은 존경하고 따르기 때문이다.

넷째, 완벽하게 준비하라는 것이다. 모든 경우의 수를 생각하라. 당신이 위기 상황에 놓이면 모든 변수에 대비하고 결정을 내려야만 한다. 팀이 살 준비되었는지 점검하고 시스템을 가동할 수 있도록 매사에 철저한 준비를 하는 습관을 갖는 것이 중요하다.

다섯째, 팀워크를 강조하라. 어느 누구도 적합한 사람과 팀이 없이 뛰어난 일을 할 수는 없다. 또한 혼자서는 위대한 일을 할 수가 없다. 늘 팀워크를 강조하고 활용하는 것이 중요하다. 리더는 팀을 잘 이끌어 시너지 효과를 창출하는 사람이다.

여섯째, 효과적인 커뮤니케이션을 하라는 것이다. 사람들에게 당신이 하는 일과 의미를 알려주어라. 당신의 지식이나 비전을 다른 사람들과 공유할 수 없다면 리더가 될 수 없다. 리더는 실무를 담당하기보다 다른 사람들에게 의존하기 때문이다. 리더는 동기를 부여하는 사람이자 스승이며 코치인 것이다.

필자는 리더는 길러질 수 있다고 믿는 사람이다. 훈련에 의해서 상당 부분 강력한 리더십을 가질 수 있는 것이다. 중요한 것은 본인이 리더가 되겠다는 의지와 할 수 있다는 믿음을 갖는 것이 중요하다.

경영 18 / 인생의 블루오션 전략

블루오션이라는 단어를 많은 사람들이 들어보았을 것이다. 'Blue Ocean'이라는 용어는 프랑스 인시아드 경영대학원의 한국계 김위찬 교수와 르네 마보안 교수에 의해서 쓰여진 'Blue Ocean Strategy(블루오션 전략)'이라는 책에서 처음 주창된 것이다.

이 두 저자는 기존의 경쟁이 심한 시장을 'Red Ocean'이라고 명명하고, 새로운 경쟁이 없는 새로운 산업을 'Blue Ocean'이라고 칭한 것이다.

사실 새로운 용어를 만든 것이 참신하기는 하나 이러한 상황에 대한 대비는 과거부터 늘 있어왔던 것이다.

기업이 경쟁이 없는 새로운 산업에 진출하거나 새로운 제품을 끝없이 개발하려는 노력은 지금까지 꾸준하게 있어 온 것이라는 뜻이다. 다만 쉽게 그리고 명쾌하게 대비되는 용어를 썼다는 것이 눈에 뜨이는 것이다.

누구나 인생을 살면서도 상대적으로 경쟁이 적은 직업 또는 사업을 하기를 원한다. 그래야 편안하게 인생을 살 수 있기 때문이다.

인생에서 경쟁이 적은 직업이나 사업을 영위하기 위해 노력하는 것을 인생의 블루오션 전략이라고 할 수 있다. 인생에서 블루오션을 차지하기 위해서 많은 사람들이 자신의 경쟁력을 제고하기 위한 노력을 끝없이 하는 것이라고 할 수 있다.

지금까지 직업에서의 블루오션은 의사, 변호사, 약사, 교수, 변리사, 회계사, 세무사 등과 같은 전문직 직종들이었다. 하지만 최근에 들어서 세계화와 인터넷 혁명시대의 도래로 세상이 개방되고 경쟁이 심해지면서 이러한 직업들도 레드오션화 되고 있다고 할 수 있다. 앞으로 이러한 직업군은 더욱 빠르게 레드오션화 될 것이다. 반면에 최근 들어 블루오션화 되고 있는 새로운 직업군이 있다면 새로운 가치혁신으로 새로운 수요를 창출할 수 있는 컴퓨터 디자이너, 예술가, 벤처기업인, 게임 프로그래머, 컨설턴트 등과 같은 직업이 부상하고 있는 것을 예로 들 수가 있다.

중요한 것은 기존의 레드오션 직업에서도 새로운 가치혁신을 이루어서 새로운 수요을 창출하려는 노력을 하게 되면 레드오션 내에서의 새로운 블루오션을 발견하게 될 것이다.

예를 들어 단순한 기존의 국내의 변호사 업무로는 한계를 느끼는 사람이 세계화의 흐름 맞는 변호사로 변신하려는 노력을 하는 것이다.

기존의 의사도 지금까지의 방식으로 환자를 단순하게 다루고 관리하게 되면 지속되는 레드오션 시장에서 점차 어려움을 더 느끼게 될 것이기 때문에 시대의 흐름에 맞는 부가서비스를 제공하기 위한 전략을 세우고 새로운 시장을 창출하려는 노력을 게을리 하지 말아야 한다는 것이다.

세상의 모든 일은 그대로 흘러가면 자연스럽게 경쟁이 만연하는 레드오션에 진입하게 된다. 따라서 우리의 인생을 블루오션화 하려면 첫째, 늘 세상의 흐름을 읽는 노력을 해야 한다. 둘째, 자신 직업의 위치를 명확하게 분석하고 인식하여야 한다. 셋째, 자신의 인생에 있어서 블루오션은 어느 방향인지 확인한다. 넷째, 확인된 방향으로 움직이기 위한 전략을 수립한다. 다섯째, 세워진 전략을 실행에 옮기는 노력을 매일매일 한다. 여섯째, 실행하고 있는 것을 정기적으로 점검하고 부족하다면 다시 도전한다.

이와 같은 노력을 끊임없이 하는 사람은 자기 인생의 블루오션을 반드시 찾아서 다른 사람들 보다 한 걸음 앞선 생활을 즐기게 될 것이다.

경영 19 / 기업이 영구, 존속하기 어려운 이유

대부분의 사람은 늙지 않고 오래 살기를 바라지만 일정한 수명을 다하고 나면 죽게 되는 것이 자연스러운 일이다. 기업도 마찬가지이다. 다만 사람보다는 관리만 잘 하면 더 오래 동안 존속시킬 수 있는 조직이다. 그래도 무한정 조직이 존속하기는 어렵다. 기업의 환경이 지속적으로 변하고 기업이 변하는 환경에 제대로 적응하지 못하기 때문이다.

40년 전 한국재계 순위 100위안에 들었던 기업 중에서 지금까지도 그 순위 안에 있는 기업은 12개밖에 되지 않는다고 한다. 그 만큼 기업이 자신의 위치를 지키면서 성장, 발전한다는 것이 어렵다는 이야기이다.

잘 나가던 기업이 쓰러지는 이유는 외부 환경에 빠르게 대처하지 못한다는데 있다. 특히 고객들의 욕구가 변하는 것을 간과하고 자신의 방식대로 기업을 경영하다가 망하는 경우가 대부분인 것이다.

고객은 냉정한 법이고 과거의 공급자 중심 시장에서는 칼자루를 공급자, 즉 기업이 쥐고 있었기 때문에 고객들이 불만이 있어도 그런 대로 넘어갈 수밖에 없었으나 시장이 소비자 중심시장으로 변하면서 상황이 정반대가 된 것이다. 요즈음에는 그야말로 '소비자가 왕이다' 라는 말이 100% 적용이 되는 시대이다. 따라서 기업은 고객의 욕구를 빠르게 간파하여 만족시키는데 최선을 다해야만 하는 상황이 된 것이다.

과거의 공급자 중심 시장에서는 만들어 놓기만 하면 팔렸기 때문에 소비자가 어떤 생각을 가지고 있는지 몰라도 되었다. 하지만 지금과 같이 경쟁이 치열한 시장에서는 소비자의 니즈를 여하히 잘 파악하여 만족시키고 감동시키느냐가 기업의 생존 발전에 아주 중요한 요소가 된 것이다.

옛말에 수주대토(守株待兎)라는 말이 있다. 한비자가 한 말인데 '송나라 농부가 우연히 그루터기에 부딪쳐서 죽은 토끼를 보고는 농사일은 하지 않고 토끼가 다시 자신의 앞에서 또 부딪쳐서 죽을 것' 이라고 생각하면서 기다리는 우매한 모습을 보고 한 말이다.

많은 사람이나 기업들이 지나간 행운을 잊지 못하고 그 행운이 반복되기를 기다리고 있다면 위의 농부와 무엇이 다르겠는가!

기업은 늘 고객의 사랑을 받기 위하여 고객이 무엇을 원하는가를 끊임없이 찾아야 하는 것이다. 이러한 자세를 갖고 있는 기업은 오랫동안 생존 발전할 수 있는 근본을 갖추었다고 할 수 있다. 반면에 조금이라도 방심하는 기업은 언제라도 무너질 수 있는 가능성을 스스로 지니고 가는 조직이라고 할 수 있다.

    사람도 마찬가지이다. 자신의 능력을 과신하고 진실함과 성실함을 잊고 살 때 늘 재앙은 찾아 올 수 있다는 것을 생각하는 자세가 필요한 것이다. 개인은 늘 성실과 유능한 인재가 되겠다는 자세로 미래를 향해 뛰어야만 성공에 이르게 될 것이며 기업 또한 마찬가지인 것이다.

샐러던트는 선진사회로 가는 현상이다

　샐러던트라는 말은 Salaryman과 Student를 합해서 만들어진 합성어로서 일하면서 공부하는 사람을 일컫는 말이다.
　직장을 다니고 있는 사람들이 새로운 영역이나 자신의 분야에서 보다 전문성을 확보하기 위해서 지속적으로 공부하고 있는 사람들이다. 이렇게 공부하는 샐러리맨이 많이 늘어나고 있는 것은 현실 생활에 불안감을 느끼고 있거나 미래에 보다 나은 직업을 가지기 위한 몸부림이라고 할 수 있다. 특히 주5일제가 도입이 되면서 자기계발을 할 시간이 늘어남에 따라 이러한 현상은 더욱 가속화되고 있는 것이다.
　21세기에 들어서면서 우리 사회는 참으로 빠른 변화의 소용돌이 속에 놓여 있다. 가속되고 있는 세계화에 따른 경쟁의 심화와 인터넷 혁명에 따른 공간과 거리가 파괴되면서 그야말로 세계는 작은 지구촌으로 변하고 있는 것이다.
　이러한 변화 속에서 자신이 살아남기 위해서는 지속적인 자기계발을 통하여 경쟁력을 확보하는 것이 필요하다. 그렇지 못하면 도태되기 때문이다.

　이러한 모습은 선진사회에서는 오래 전부터 있던 일이다. 선진국으로 진입하기 위해서는 구성원들의 경쟁력이 한 단계 업그레이드되어야 하기 때문에 구성원 스스로가 자신의 경쟁력을 제고시키는데 시간과 비용을 투입하여야만 한다.

　마치 축구 선수가 동네 축구에서 탈피하여 전국 선수대회로 진출하기 위해서는 새로운 훈련과 노력을 하여야 하는 것과 같다. 한 단계 업그레이드됨이 없이 새로운 시대에 주인공이 된다는 것은 불가능하기 때문이다.

　그래서 샐러리맨들이 바쁘게 움직이는 것이다. 주말을 이용하거나 주경야독을 통하여 자신의 부족한 점을 메우고 새로운 전문성을 습득하는 과정에 참여함으로서 자신의 경쟁력을 제고시키는 노력을 하는 것은 너무나 당연한 일로 판단이 된다.

　이제 평생 직장이라는 개념은 이미 우리 사회에서 점점 사라지고 있다.

　선진국으로 가면서 생기는 자연스러운 사회적 현상이다. 경쟁력이 없는 사람은 도태되고 새로운 경쟁력 있는 인재가 영입되어야 그 조직이 글로벌 경쟁에서 살아남을 수가 있기 때문이다.

　필자의 경우도 주경야독으로 현재에 이른 사람 중의 하나이다. 회사에 입사한 후에 야간에 경영대학원을 다녔고 미국에서 공부를 더

하고 경영학박사 과정을 수료하여 박사학위를 받았다. 주경야독을 할 당시에는 많은 사람들의 눈총도 받았고 시기 질투도 받았다. 하지만 세월이 지나, 대부분의 사람들이 기업을 떠난 후에 자신의 진로를 다시 찾는데 무척이나 어려움을 겪고 있을 때 필자는 주경야독 덕분에 새로운 길을 비교적 쉽게 찾아 오늘에 이르게 된 것으로 판단이 된다.

따라서 주변의 많은 후배들에게 젊었을 때 시간을 아껴서 늘 미래를 대비한 자기계발을 꾸준히 할 것을 추천하고 있다.

샐러던트라는 것이 바로 주경야독의 대명사인 것이다. 요즈음은 주5일제까지 시행하는 기업이 늘어나고 있어 공부할 수 있는 기회는 더 많아지고 있는데도 현실에 안주하고 있는 사람은 미래를 포기하는 우를 범할 수 있음을 명심하여야만 할 것이다.

경영 21 / 투명경영의 출발점, 사외이사제도

　　기업이 발전하고 존속하려면 기본적으로 투명해야만 한다. 투명한 기업이 종업원이나 고객들에게 신뢰를 주고 사랑을 받아 성장할 수 있기 때문이다.

　　사외이사제도는 선진국에서 아주 잘 활용되고 있는 기업경영 도구로서 기업의 의사결정과정에 사외에서 이사로 선임된 사람들이 객관적인 시각으로 참여하여 기업경영이 독단으로 흐르는 우를 범하지 않도록 하기 위해 활용되는 제도이다.

　　우리나라의 사외이사제도는 IMF 직후 대주주의 경영 독단을 견제하고 기업경영의 투명성을 제고하기 위해서 도입되었다.

　　시행초기에는 기업들의 반발이 적지 않았지만 이제 대부분의 상장 기업들이 사외이사를 갖고 있을 정도로 자리를 잡았다. 문제는 사외이사제도를 장식품처럼 생각하는 기업이 많다는 것이다. 대주주들이 사외이사 추천권을 가지고 있기 때문에 자신의 입맛에 맞는 사람들을 뽑다 보니 사외이사는 있으나 마나한 꼴이 되고 있는 것이다. 사외이사의 구성도 대학교수, 전직관료 등 명망가 위주로 선임하기 때문에 전문성이 떨어지고 있다.

시가 총액 30위 안에 드는 기업의 이사회 활동을 조사한 결과 이사회에서 한번이라도 사외이사가 '반대'를 표명했던 회사는 5개에 불과했다. 회사 평균 사외이사가 3-5명에 이르렀으나 회사측에서 발의한 안건에 반대한 사람은 거의 없었던 것이다.

삼성전자의 경우 44개 안건을 심의하는 과정에서 단 한 표의 반대도 없었고 포스코도 47개 안건을 심의하는 과정에서 전원이 찬성하였다. 물론 사외이사가 무조건 반대를 하라는 것은 아니다. 하지만 이렇게 찬성 일변도라면 사외이사 제도를 만든 취지가 무색하게 되는 것이다.

미국기업들의 경우 사외이사를 선임할 때 경영에 도움을 줄 수 있는 전·현직 CEO 또는 경영자를 전체의 90%를 넘게 선임하고 있다. 전문성을 높여서 기업의 경쟁력을 제고하기 위한 것이다. 사외이사도 연간 근로 시간이 250시간에 달할 정도로 이사로서의 역할을 충실히 하고 있다. 세계 최고 기업의 하나인 GE의 경우 연간 3회 이상 사외이사들만의 이사회를 개최할 정도로 독립적인 활동을 보장하고 있다.

우리나라에 사외이사제도가 도입된 것은 잘한 일이라고 평가할 수 있다. 하지만 지금과 같은 사외이사의 활동이라면 그야말로 장식품에 비용만 지출되는 우를 범하고 있다고 할 수 있다.

앞으로 사외이사제도가 보다 진취적으로 자리잡기 위해서는 첫째. 사외이사의 추천에 투명성이 있어야만 할 것이다. 대주주의 편의에 의해서가 아니라 경영에 도움이 되는 인사의 영입이 투명하게 되어야 한다.

둘째, 사외이사들이 경영감시 활동에 효율적으로 참여할 수 있는 장치를 마련해 주어야만 한다.

사외이사제도는 우리기업의 경쟁력을 제고하고, 투명한 경영으로 이끌 수 있는 좋은 제도이니 만큼 잘 활용되었으면 한다.

경영 22 / 한국재벌에 대한 비판과 이해

대기업에 대한 여러 가지 문제가 보도될 때마다 더욱 거세지고 있는 것이 한국의 재벌기업에 대한 개혁문제이다. 재벌이라는 것이 우리나라에만 있는 것으로 이해하는 사람이 많은 것 같은데 재벌은 원래 산업혁명 이후에 영국을 비롯한 다른 선진국에서도 이미 존재하던 대기업 집단을 말한다.

어느 자유경제체제 하에서라도 경쟁력이 있는 기업은 기업의 규모를 늘려나가고 다른 사업으로 진출하게 되는 것은 극히 당연한 일인 것이다.

미국의 경우도 1930년 대공황 이전에 록펠러, 카네기 등과 같은 가족들이 거대한 그룹을 이루어 경제계를 휘어잡았을 때가 있었으며 일본의 경우도 마찬가지였다. 그러나 그들의 기업역사가 오래되고 산업사회가 선진화되면서 부의 세속이 어렵게 되는 과정을 거치면서 가족으로 승계가 이루어지는 것을 막아 부의 집중이 줄어든 것이다.

우리나라에서 많은 사람들이 재벌의 한국경제 발전에 기여도를 인정하면서도 재벌에 대한 시각을 부정적으로 갖는 이유는 부의 지나친 집중과 가족 중심의 경영 때문이다. 합법적으로 상속과 증여를 했다고는 하지만 법의 허점이 많아 적은 금액으로 큰 상속과 증여가 되고 있는 것이 현실이기 때문에 재벌 2세나 3세에 대한 사회적인 시각이 곱지 않은 것이며 존경을 받지 못하고 있는 경우가 많은 것이다.

한편 한국경제 발전에 재벌이 기여한 부분에 대해서는 분명하게 인정하여야만 한다. 한국경제 발전은 기본적으로 자원이 없는 나라이기 때문에 수출 지향적으로 이루어져 왔으며 수출 일선에 서서 한국경제를 오늘날과 같이 끌고 온 재벌들의 노력과 기여도가 없었다면 사실상 어려웠을 것이라는 것이 일반적인 관점이다.

한국재벌이 가지고 있는 최고의 강점은 인재들이라고 할 수 있다. 그 동안 사람에 대한 투자를 가장 많이 해 왔기 때문에 다른 어느 분야의 사람들 보다 글로벌 경쟁력을 가지고 있다. 또한 그들은 세계 시장의 흐름과 세계화 시대의 주역이 되기 위한 조직의 경쟁력도 가지고 있다. 하지만 늘 기업 내부에 존재하고 있는 가족 중심의 경영체제와 가족의 전횡(일부이기는 하지만)에 문제가 있음은 분명하다.

사실 가족들이 가지고 있는 주식도 전체 주식에서 차지하는 비율이 생각보다 높지 않기 때문에 외부 사람들과 내부 종업원들로부터 존경을 받지 못하고 비난을 받게 되는 경우를 많이 보게 되는 것이다.

재벌 기업에 대한 냉정한 판단을 위해서는 늘 동전의 양면을 쳐다보아야만 지난날의 공과를 정확하게 볼 수 있다. 한국경제 발전에 견인차 역할을 해 온 재벌에 대한 일방적인 공격이나 비난보다는 개선되어야 할 점을 합리적으로 보완해 가는 것이 필요한 것이다. 재벌은 개혁의 대상이 아니라 한국경제의 더 큰 발전을 위해서 개선과 보완의 묘를 발휘해야 할 대상인 것이다.

새로운 정부에서도 재벌에 대한 시각을 부정적인 면만을 집중적으로 부각시켜 국민들이 편향적인 판단을 하게 해서는 안 될 것이다. 한국 경제의 미래는 기업에게 있으며 한국 기업에서 차지하는 재벌의 위치가 중요하다는 것을 인정하되 재벌의 문제점을 개선하여 한국의 글로벌 경쟁력을 함께 제고하는 노력을 하여야만 정부의 역할도 제대로 수행했다는 평가를 받게 될 것이다.

재벌기업들이 과거 정경유착으로 부를 축적한 사례도 얼마든지 있지만 재벌기업들이 세계시장에서 멋지게 한국의 이름을 드높이고 있다는 사실도 인정해주는 균형감각이 필요한 시점인 것 같다.

23 / 평생직장은 없고 평생 직업만이 남는 시대

요즈음 우리 주변에서는 평생직장이라는 말이 사라지고 있다. 선진국으로 진입하면서 당연하게 발생하는 사회적인 현상이라고 할 수 있다. 과거 우리가 후진국이나 개발도상국시절에는 직장의 숫자도 적었고 일할 의욕이 있어도 일할 자리가 아주 제한적이었다. 따라서 한번 직장에 들어가면 퇴직할 때까지 근무하는 것이 아주 당연한 것이고 미덕이 될 수도 있었다. 하지만 사회가 발전하면서 일할 자리가 늘면서 많은 사람들은 선택의 폭이 넓어졌다. 자기가 실력만 있고 의지만 있으면 늘 새로운 자리로의 이동이 가능해 진 것이다. 이와 같은 추세는 선진국에서는 오래 전부터 당연하게 받아들여졌던 일이다.

우리가 평생직장의 개념을 떨쳐 버리기 시작한 것은 1997년 외환위기 이후였다고 할 수 있다. 글로벌 경쟁력이 없는 기업이 무너지기 시작하면서 국내경쟁력만으로 버티던 많은 기업이나 공공기관들이 글로벌 경쟁력을 갖추기 위하여 구조조정을 단행하기 시작하였기 때문이었다.

필자가 1979년 처음으로 미국에 갔을 때 제일 이상하게 느꼈던 것이 직장인들이 직장을 자주 옮기는 것이었다. 그 당시 우리나라에서는 직장을 자주 옮기는 사람은 무엇인가 문제가 있는 사람으로 여겼기 때문이다. 자신의 능력에 맞추어 직장을 옮길 수 있는 직장도 제한적이었지만 동양적 사고가 직장 이직을 부정적으로 보고 있었던 것이다.

하지만 외환위기 이후 구조조정의 바람이 불고 우리 경제도 고도화되면서 직장에 대한 개념이 완전히 바뀌기 시작했다.

대한상공회의소가 20, 30대 남녀 직장인과 대학생 448명을 대상으로 조사해 발표한 '2030세대가 원하는 좋은 직장' 보고서에 따르면 84.6%가 '평생직장보다 평생직업이 더 중요하다'고 답했다. 또 직장 생활 중 '비전문분야 업무로 배치되었을 경우 전문분야 업무를 할 수 있는 새 직장으로 이직하겠다.'는 응답이 58.5%로 높았다.

이러한 추세는 우리 경제가 선진화되고 고령화 추세가 지속 될수록 계속될 것으로 보인다. 평생직장의 개념은 사라지는 동시에 다가오고 있는 고령시대를 살기 위해서는 평균 일생동안 5-6회 정도의 직업 전환을 해야 한다는 통계가 이러한 미래의 추세를 뒷받침해 주고 있는 것이다.

평생직장이 없어지고 평생 직업만의 있는 사회가 도래하는 것이다. 설령 한 직장에서 은퇴를 한다고 해고 그 연령이 55세-58세 정도가 고작이니 평균 수명이 길어지면서 최소한 70세 까지는 일을 해야

하기 때문에 다른 직업을 갖지 않을 수 없게 되는 것이다.

최근 통계에 따르면 우리나라 남자의 평균수명은 73세이고 여자의 평균수명은 80세이며 앞으로는 수명이 더 연장 될 것이라고 한다.

따라서 우리는 늘 미래의 긴 노후 생활을 대비하는 슬기로움을 젊어서부터 준비해야만 하며 평생 동안 일할 수 있는 자기만의 직업을 갖도록 노력하는 것이 필요한 것이다.

경영 24 / 기업가정신은 기업경영의 원동력이다

 기업을 경영하는 사람이 가장 소중하게 생각하는 것이 경영권이다. 경영을 자신의 철학과 소신껏 할 수 있는 권리이기 때문이다.
 요즈음 기업의 경영권에 대한 논의가 많은 것 같다. 기업에 대한 부정적인 이미지를 가지고 있는 사람들은 기업가들에게 경영권보다 경쟁력 제고에 힘써야 한다고 이야기 한다. 말은 쉽다. 그러나 기업가가 자신의 경영권이 확보 되지 않는 기업경영에 혼신의 힘을 다할 이유는 없는 것이다.
 자본주의 사회의 기본은 자유경쟁이며 자유경쟁을 통한 이익은 정당한 것이기 때문에 기업을 일으키고 이익을 창출하기 위해서 밤낮 없이 뛰는 기업가정신(entrepreneurship)이 발휘될 수 있는 것이다.
 그런데 요즈음 세간에는 기업은 경영권 방어 보다는 경쟁력 제고에 더 신경을 써야 된다고 이야기 하는 사람이 있는가 보다. 한 마디로 경영의 기본을 이해하지 못하는 사람일 수 있다.
 동네에서 구멍가게를 하는 사람도 자신의 사업을 꾸려나가는 기본 정신을 '자신의 사업이 작지만 소신껏 할 수 있는데 즐거움이 있다'라고 말하는데, 커다란 기업을 하는 사람한테 경영권에는 신경을 쓰지 말라고 한다면 정신 나간 사람의 말장난으로 들릴 것이다.

기업가 정신의 기본은 자신의 신념과 비전을 가지고 모든 위험을 감수하면서 어려움을 헤쳐가면서 성취감을 느끼고 부를 축적하는데 있다고 할 수 있다.

이러한 기업가 정신으로 기업을 일으키고 유지하는 사람들에게 경영권이 없다면 무슨 재미로 기업을 경영할 수가 있겠는가?

일부기업의 과거가 정경유착으로 국민들에게 떳떳하지 못한 면이 있다고 해도 그것은 지나간 일이며 충분하게 비판 받고 죄 값을 치루고 있다고 생각한다. 중요한 것은 미래이다. 우리경제를 살리는 경제의 엔진은 누가 뭐라고 해도 기업이지 정치권이 아니며 엔진을 돌리는 힘은 기업가정신이라는 것이다.

아무리 정부가 경제를 살리려 해도 엔진이 가동되지 않으면 힘을 받지 못하는 것이다. 엔진을 돌리려면 엔진을 돌리겠다고 나서는 기업가정신이 재가동되어야만 한다. 기업가정신의 가동을 위해서 정부가 할 일은 그들의 경영권 방어에 치명적인 족쇄가 있다면 풀어주거나 완화 해야만 한다.

선수를 풀어주지 않은 상태에서 멋지게 뛰어보라고 요구한다면 그 요구는 바보 같은 요구인 것이다. 올바른 코치나 감독이라면 선수의 사기를 올리되 잘 못하는 것이 있을 때는 엄중하게 야단을 치는 멋이 있어야 하는 것과 같다. 매일 야단치고 때리기만 하면서 선수들에게 열심히 뛰어 좋은 성적을 내라고 한다면 앞뒤가 맞지 않는 것이다.

경제전쟁의 선수는 정부나 정치권이 아니라 기업이며 경제전쟁에서 이길 수 있는 힘은 기업가정신에서 나오는 것이다.

25 기업이 잘되기를 원한다면...

한국경제의 가장 중요한 견인차는 누가 뭐라고 해도 기업이라고 할 수 있다. 기업의 진취적인 도전이 없다면 경제는 활력을 잃게 되고 경제 발전은 있을 수가 없기 때문이다.

정부는 기업의 성장 발전을 위해서 기업을 격려해주고 지원해주면서도 견제해 주는 곳이다. 마치 축구 감독이 11명의 선수를 어떻게 지휘 감독하고 이끌어 주느냐에 따라 성적이 달라지는 것과 같다

1950년대부터 1970년대까지는 정부가 한국기업을 선도해 왔던 시기라고 한다면 1980년대부터는 세계화시대의 도래와 함께 한국기업들이 세계적인 기업으로 성장 발전하는 시기라고 할 수 있다. 따라서 이 시기는 다음과 같은 몇 가지 이유 때문에 기업에게 더 많은 자율성을 주어 기업의 발전을 도모하도록 해야만 하는 기간이라고 할 수 있다.

첫째, 기업이 정부보다 세계화에 대한 정보와 현실의 흐름을 더

느끼는 조직이기 때문이다. 즉 현실 감각이 정부 보다 우수하다는 뜻이다

둘째, 기업의 규모가 과거보다 훨씬 커졌기 때문이다. 마치 집안의 자식들이 장성해서 부모 품에서 벗어 날 수 있는 시기가 왔다는 뜻이다.

셋째, 글로벌 시대에 맞는 인재가 기업에 훨씬 더 많기 때문이다. 정부에 있는 인재보다 기업에 있는 인재들이 더 잘 훈련되고 세계적인 감각을 가지고 있다는 뜻이다.

넷째, 기업은 그야말로 '죽기 살기'의 각오로 경제 현장을 누비고 다니기 때문이다. 기업은 생존 발전하기 위해서 스스로 최선을 다하는 조직이라는 뜻이다.

집안의 자식들도 어렸을 때는 부모의 판단과 보호 하에서 움직이는 것이 안전하고 여러모로 힘을 받게 되지만, 장성하고 나면 부모들은 단지 어른으로서 그들의 행위가 지나치게 잘못되지 않도록 살펴주는 역할을 해야만 자식이 더 크게 발전할 수 있는 것 같이, 정부도 이제는 기업에 대한 지나친 규제와 간섭을 하지 말아야 할 때이다. 지난 정부들이 기업에 대한 규제개혁을 풀겠다고 난리였지만 기업의 활동을 자유롭게 하는 데는 여러 부문에서 미흡했다는 것이 전문가들의 지적이다.

기업 활동을 잘하게 하기 위한 현실적인 처방은 기업이 편안하게 기업 활동을 할 수 있도록 멍석을 깔아 주고 간섭을 최대한 자제하는 일이다.

실력이 부족한 코치나 감독이 우수한 선수들을 잘못 지도하면 오히려 지도하지 않은 것보다도 못하다. 기업활동을 충분하게 이끌어 줄 수 있는 지도력이 없다면 선수들이 마음껏 뛰도록 격려하고 분위기를 만들어 주는 것이 훨씬 더 나을 것이라는 말이다.

필자의 소견으로는 우리 기업의 실력은 정부의 실력보다 어느 면에서도 부족한 것이 없고 오히려 많은 부분에서는 훨씬 더 경쟁력이 있기 때문에 정부는 기업들이 자유롭고 신나게 기업 활동을 할 수 있도록 해주는 것이 우리 경제에 도움이 되리라 확신한다. 따라서 기업이 윤리적으로나 법적으로 큰 하자가 있을 때만 정부가 간여하고 조정하는 것 이외에는 일체의 간섭을 피하는 것이 기업의 왕성한 활동을 유도하는 길이 될 것이다.

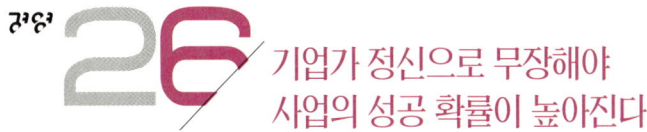

경영 26 기업가 정신으로 무장해야 사업의 성공 확률이 높아진다

　　기업의 국가 경제발전의 초석이다. 기업이 잘되어야 나라 경제도 잘 되기 때문이다.

　　그래서 선진국으로 갈수록 기업이 편안하게 활동할 수 있는 기반을 마련해 주기 위해서 최선을 다하는 것이다. 기업의 발전이 없으면 국가도 전진할 수 없다는 것을 잘 알기 때문이다. 기업은 환경이 변하면 빠르게 적응하기 위해 구조조정을 하고 변신하려 애쓴다. 그래서 기업 활동이 자유로운 나라가 선진국이며 경쟁력이 있는 나라인 것이다.

　　지구상에서 가장 기업하기가 좋은 나라 중의 하나가 미국인 이유는 누구나 자신의 뜻을 편안히게 펼 수 있는 기업 환경이 보장되어 있는 나라이기 때문이다.

　　이러한 미국에서도 기업들의 평균 수명이 10년이 안 된다. 그만큼 기업을 이끌어 가는 것이 어렵다는 이야기이다. 우리나라의 경우는 5년이 채 안되니 얼마나 기업 활동하기가 어려운지를 대변하는 수치인 것이다.

미국에는 다양한 사회단체들이 잘 발달하여 감시의 눈초리를 늦추고 있지 않으며 기업에 대한 국민의 신뢰가 깨지는 순간 그 기업은 망하는 길을 걷게 되는 것이 상식으로 되어 있다.

그래서 가장 중요한 것이 기업의 투명성과 신뢰성이라고 할 수 있다. 기업이 투명하지 않으면 기업에 투자하는 사람들이나 돈을 빌려주는 금융기관으로부터 신뢰를 잃게 되어 경영에 큰 부담이 되며 이러한 부담은 곧 경쟁력의 약화로 이어지면서 결국은 기업이 망하게 되는 것이다.

두 번째로는 그 기업에서 생산, 판매하는 제품에 대한 신뢰가 떨어지면 미국과 같은 선진국에서는 절대로 살아남기가 힘들다는 사실이다. 다양한 NGO들의 공격과 소송으로 기업 활동을 영위하기 어렵게 되고 고객의 이탈로 기업은 망하게 되기 때문이다.

위의 두 가지 기업생존요소와 함께 가장 소중하게 생각해야 할 경영의 성공 요소가 바로 기업가 정신이라는 것이다.

기업가정신(entrepreneurship)이란 기업을 일으키고 발전시키려는 강력한 의지를 가진 사람이 발현하게 되는 정신을 말한다. 사업에 대한 비전과 강력한 카리스마 그리고 끝없는 열정과 노력 등이 없다면 작은 기업이라도 일으킨다는 것은 참으로 힘든 것이기 때문이다. 개인 사업에 입문하고 있는 많은 사람들은 바로 이러한 기업가 정신을 스스로 갖추어야 할 사람들이라고 할 수 있다. 무에서 유를 창조하기 위한 부단한 노력과 신용 유지와 최선의 서비스를 통한 경쟁력의 제고 등등 하루하루의 사업 과정이 기업가정신의 연속이기 때문이다.

국가는 지도자를 잘 만나야 잘 사는 나라, 강대국, 선진국으로 갈 수 있는 것이며 기업은 기업가가 어떤 사람이냐에 따라서 기업의 운명이 바뀌며 기업에 속해 있는 사람의 명암도 갈리게 된다.

필자가 개인사업자들과 대화를 할 때마다 강조하는 것이 바로 기업가 정신이다. 사업을 하는 사람은 월급쟁이와 같은 사고를 갖고 있으면 절대로 성공할 수 없다. 자기의 영역을 스스로 개척하고, 깊이 침투하고, 지치지 않고 전진하기 위해서는 미래를 예측하고, 의사결정을 하며, 위험부담을 감수하려는 용기와 끝없는 투지가 있어야 하는데 이것이 바로 기업가 정신인 것이다. 진정으로 성공적인 사업자가 되는 길은 바로 기업가 정신의 발로에서 시작되기 때문이다.

그러한 면을 고려해 볼 때 성공한 기업가의 정신을 잘 본받고 함께 가려는 노력을 하는 개인 사업가는 성공할 확률이 높다고 할 수가 있다. 성공사를 복제하는 것이 성공에 이르는 아주 좋은 방법이기 때문이다.

자신의 몸값은 스스로 높이자!

변화를 인식하고 변화하는 미래에 능동적으로 변화하는 사람은 스스로의 몸값을 올리는 사람이다. 사회에서 필요로 하는 인재이기 때문이다.

몸값은 자연히 올라가지 않는다. 노력한 만큼 돌아오는 것이다. 그러기 위해서는 우선 변화를 두려워하지 말아야 한다.

변화를 두려워하지 않으면서 자신을 변화시키기 위해서 'Coach Yourself' 라는 책의 저자인 앤서니 그랜트와 제인 그린은 다음과 같은 점을 강조하고 있다

첫째, 변화를 이해하라는 것이다. 즉 모든 것은 변한다는 것을 이해하고 늘 변화에서 성공하겠다는 마음을 강하게 가지는 것이 중요하다는 것이다.

둘째, 자신의 비전을 분명하게 설정하라는 것이다. 꿈을 간직하고 미래를 예측해 보고 자신이 갈 길을 그려보라는 것이다.

셋째, 당신이 진정으로 원하는 것이 무엇인지를 찾아서 목표를 분명하게 설정하라는 것이다.

넷째, 부정적인 생각을 긍정적인 사고로 바꾸는 노력을 하라는 것이다. 변화를 이겨내는 것은 긍정적인 사고이기 때문이다.

다섯째, 포기하지 말라는 것이다. 목표를 정하고 실천의지를 다졌으면 꾸준하게 전진하는 끈기가 필요하다는 것이다. 포기는 금물이다.

많은 제자들과 주변 사람들로부터 사회에서 성공하려면 무엇을 열심히 하여야 하느냐는 질문을 받을 때마다 필자는 다음의 두 가지 요소를 이야기하게 된다.

지금까지의 경험에 비추어 볼 때 성공하는 사람들이 갖추고 있는 많은 요소들을 두 가지로 축약해 보면 그것은 성실성과 유능함이라는 것이다. 성실과 유능함은 집을 짓는데 필요한 두 개의 커다란 기둥과 같다는 생각에서이다.

성실함만 가지고는 착실하고도 좋은 사람으로 남을지는 몰라도 사회나 직장에서 필요로 하는 존재가 되기는 어려울 수 있다. 반면에 유능하기는 한데 성실하지 못한 사람은 큰 도둑이 될 가능성이 높아 걱정인 사람들이다. 성실함과 유능함을 잘 균형 있게 지니고 있는 사람이야말로 사회나 조직에서 필요로 하는 인재가 될 것이다.

이때 성실함이란 과연 무엇일까?

성실함은 부지런함과 정직함을 뜻하게 되는데 부지런함은 일찍 일어나서 자기 자신의 생활을 건전하게 시작하며 직장에서의 출근시간 준수에서부터 사람들과의 약속을 잘 지키는 신의까지를 포함한다고 할 수 있을 것 같다. 속담에도 "일찍 일어나는 새가 더 많은 먹이를 얻는다"라는 말이 있는 것과 같이 부지런함은 모든 일에 근본이 될 수가 있을 것이다.

똑같이 회식을 하고도 다음날 꼭 늦게 출근하는 사람을 간혹 보게 되는데 이러한 삶은 주변으로부터 좋지 않은 이미지를 갖게 되어 중요한 일을 맡기는 데 주저하게 되는 것은 인지상정이다.

따라서 사회생활을 하는데 있어서 부지런함은 가장 기본이 되는 사항이라고 할 수가 있다. 마찬가지로 사람들에게 진실한 태도로 임해야 하며 한번 한 약속은 꼭 지키는 습관을 갖는 것 또한 매우 중요한 성실의 덕목을 구성하는 요소라고 할 수 있다.

유능함이란 자기가 속해 있는 조직에서 꼭 필요한 실력을 갖추고 있고 일을 효율적으로 처리하여 조직에 이익이 될 수 있는 능력을 말하는데 유능함은 선천적으로 타고나는 것도 있겠으나 상당 부분은 후천적인 노력에 의해서 키워질 수 있다.

물론 천부적인 소질을 요구하는 예술 분야는 예외일 수 있으나 대부분의 사회생활, 특히 조직 생활에서의 유능함은 노력 여하에 달려 있다고 할 수 있는데 필자의 생각으로는 유능함이란 자신이 속해있는 조직의 목적에 부합하는 지식과 노하우를 갖추는 것이 아닌가 한다.

매일 매일 자신을 뒤돌아보며 이 두 가지를 기준으로 성공을 향해 스스로가 정진하고 공부하고 있는지를 생각해 보고 자신을 채찍질 하는 사람이 바로 자신의 몸값을 스스로 올리고 있는 사람인 것이다.

유능함은 자신의 몸값을 올리는 원동력이다. 21세기에 맞는 유능한 인재는 다음의 몇 가지를 기본적으로 갖춘 사람이 될 것이다.

첫째, 세계화시대, 인터넷혁명 시대에 공통적으로 필요한 것은 영어이다. 영어가 경쟁력이란 뜻이다. 주지하는 바와 같이 세계를 자신의 무대로 삼기 위해서 영어는 필수 외국어가 되었다. 인터넷 안에 들어 있는 모든 정보의 90% 이상이 영어로 되어 있다. 따라서 영어는 21세기 인재의 첫째 덕목이 되고 있는 것이다. 그래서 직장인들에 기회가 있을 때마다 영어를 정복하려는 노력을 하라고 권하게 되는 것이다.

둘째, 자신이 하고 있는 분야에서 최고의 전문가가 되려는 노력을 해 줄 것을 당부하고 싶다. 자기 분야가 어느 분야이든지 간에 최고의 전문가가 되려는 노력을 하는 것이 자신의 몸값을 올리는 최선의 길이기 때문이다. 해당되는 자격증이 있다면 취득하려는 노력을 하라!

셋째, 다양한 독서를 하라는 것이다. 넓게, 깊이 세상을 보려는 노력을 끊임없이 하라는 뜻이다. 세상의 흐름을 읽고 준비하는 힘이 생기게 될 것이다.

  넷째, 경영과 경제에 대한 이해를 하려고 노력하는 것이다. 직장이란 경영현장이며 기업은 경제의 흐름과 함께 하기 때문이다.

  이러한 유능함을 기르는 노력의 저변에는 반드시 성실성이 깔려 있지 않으면 안 된다.

  성실이라는 텃밭에 유능함이라는 씨앗이 뿌려져야 성공이라는 열매를 거둘 수 있기 때문이다.

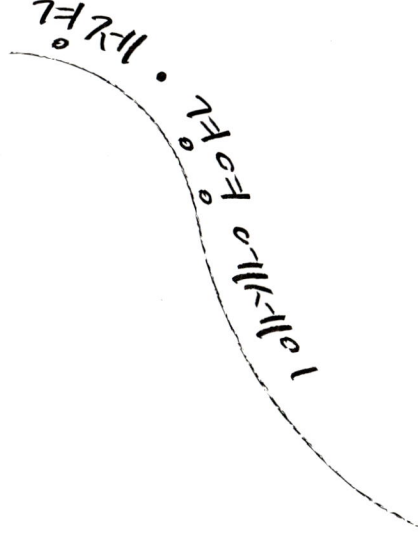

이영권 박사의 *경제 · 경영 에세이*

1판 2쇄 인쇄 · 2008년 6월 20일
1판 2쇄 발행 · 2008년 6월 24일

지은이 · 이영권
펴낸이 · 김호진
펴낸곳 · 도서출판 보는소리
등록번호 · 제 398-2006-04 호

경기도 구리시 인창동 670-9 세신리빙프라자 907호
전화 · 031-512-3329   팩스 · 031-551-2150

내지/표지 디자인 · dot communication
ISBN 978-89-959114-6-4

값 11,000원

이 책은 저작권법에 의해 보호받는 저작물이므로 무단 전재와 복제를 금합니다.
저자와의 협의에 의해 인지를 생략합니다.

잘못된 책은 바꾸어 드립니다.